I0057233

六步棱镜法 PRISMS
开公司赚钱致富

零风险
创业
成功

翻译：李会民
原著：MORNING LEE

**RISK FREE STARTUP SUCCESS : 6-STEP PRISMS,
BUILD A BUSINESS, MAKE MONEY AND GET RICH**

原版英文书名：Risk Free Startup Success 6-Step PRISMs Method Build a Business, Make Money, and Get Rich with Zero Risk

原版作者：Morning Lee

翻译：李会民

版权归属：Copyright by WealthDao Investing and Consulting, Morning Lee. All rights reserved.

出版公司：WealthDao Investing and Consulting, PO Box 83008 Kingsway Burnaby BC Canada V5H 0A4

更多相关信息，请用以下联系方式联系作者和出版公司

www.RiskFreeStartup.com

www.WealthDaoinc.com

Youtube & Tiktok: @ZeroRiskStartup

Instagram & Facebook: ZeroRiskStartup

版本号：20250104

敢想

敢干

敢向前

一切皆有可能

帮到更多人

送给读本书的您-真正的企业家

序章   6

第一步：规划 - 第一次创造   16

第1章：思维方式 - 成功的基石   19

第2章：你卖的到底是什么？   63

第3章：谁在买单？了解你的市场   79

第4章：团队成就梦想：打造你的团队   90

第5章：钱很重要：管理资本与现金流   100

第6章：定价的艺术   116

第7章：其他需要规划的事项   120

第二步：再确认 - 第二次创造   126

第8章：先验证：验证的力量   128

第9章：反馈：增长的指南针   141

第10章：改进、成长：完善与优化   153

第11章：聪明且零风险的测试   161

第三步：点火—真正的创建   174

第12章：启动的关键要素   176

第13章：打造推动业务发展的团队   188

第14章：供应商、分包商等   208

第15章：战略性起步—试营业进一步完善   216

第16章：盛大开业—完美而自信的开张大吉   222

第17章：税务与合规合法   228

第18章：无风险点火   230

第四步：规模化—更大更强   232

第19章：营业额、利润与规模：三大业务指标   234

第20章：超越广告与促销：智能、有效、战略性的营销   244

第21章：智慧增长：实现可持续成功的策略   253

第22章：主导市场：竞争   266

第23章：扩展团队，壮大业务：团队规模化   277

第24章：技术优势：如何利用科技实现规模化   284

第25章：零风险规模化   286

第五步：倍增—指数级增长   288

第26章：如何实现倍增   289

第27章：零风险倍增   299

第六步：成功—真正的成功   301

第28章：从个人到团队：重新定义最重要的人   303

第29章：构建支撑成功的系统   310

第30章：零风险成功   315

是时候改变世界了   317

常见创业陷阱及如何避免   320

您的创业工具箱   323

关于作者   327

序章

零风险创业成功之路

创业是一个人可以尝试的最令人振奋和最具挑战性的事业之一。这是一段充满梦想的旅程，追求财务自由、发挥创造力，并在这个世界上留下自己的印记。但对于许多人来说，失败的前景总是挥之不去。承担财务、情感、时间和职业风险的念头，会让最雄心勃勃的创业者也停滞不前。

本书旨在改写这一叙述。它将向你展示，成功并不是将一切赌注押在一个点子上，而是通过规划、验证和执行，以一种将风险降到最低、将潜力发挥到最大的方法来实现的。

当我开始创业时，没有宏伟的计划，也没有安全网。我直接投身到各种各样的生意中去——电脑及相关产品买卖、搬家服务、家具店、清洁公司、货运公司、房地产，等等。有些生意看起来很有前途，但大多数未能经受住市场的严峻考验。这些失败是痛苦的，但也无比珍贵。它们教会了我韧性，更重要的是，让我学习到了创业过程的宝贵财富。

这些经历，无论是成功还是失败，最终促成了"零风险创业成功"的六步棱镜法（PRISMs）的诞生。这不是一个来自理论的框架，而是从真实世界的创业实践中总结出来的方法。它是一种通过精心设计的步骤来保护你的资源、保持冷静，并为成功赢得最大可能性的方法。

什么是六步棱镜法(PRISMs)？

六步棱镜法（PRISMs Method）是一个精心设计的框架，旨在帮助创业者以最小的风险建立、扩展并复制及指数型增长，并最终成功的企业。每一步都代表了创业旅程中的关键阶段，确保你的行动是有计划的、经过深思熟虑的、且卓有成效的。

P：规划（Plan）
每个企业都始于一个稳固的计划。这一步专注于定义你的想法、找到目标受众并评估你的资源。聪明的规划为长期成功奠定了坚实的基础。

R：再确认（Reconfirm）
在真正的投入大量时间及资源之前，至关重要的是要再确认你的概念和策略。这一步包括通过真实的市场反馈、测试和调整来验证你的商业想法，以确保它符合市场需求。

I：点火（Ignite）
有了经过再确认的计划，就该点火你的事业。这一步包括建立运营、组建团队，并以自信和清晰的方式正式启动。

S：扩展（Scale）
当你的企业步入正轨后，扩展，壮大，及成长，成为优先事项。这包括扩大运营规模、留住客户以及优化流程，以实现可持续和盈利的增长。

M：倍增（Multiply）
要实现指数级的成功，这一步聚焦于复制你的商业模式，创造被动收入来源，或探索特许经营和合作伙伴关系，以倍增你的努力和影响力。

S：成功（Success）

最终目标是建立一个不依赖于你持续参与也能茁壮成长的自我维持型企业。这最后一步强调的是创造持久的财富、自由和遗产。

六步棱镜法不仅仅是一个理论框架——它是一个从真实创业经历中总结出来的成功路线图。通过遵循这些步骤，你将能够避免不必要的风险，并释放可持续的长期成功潜力。

本书是那些教训的反思

这本书将帮助你避开我曾经的陷阱，并运用行之有效的策略。 它关于创造一条通往成功的路径，而不是把一切都押在一个点子上。无论你是第一次创业还是正在优化现有业务，棱镜法将向你展示如何规划、验证、点火、扩展、倍增，最终实现真正的成功。

这不是一本关于完全避开风险的书—那是不可能的。相反，它教你如何控制你能控制的因素，并为那些不可控因素做好准备。把它想象成打造一艘足够坚固的船，能够经受住创业的风暴，同时足够灵活，可以朝着目标航行，但不是让所有的风浪都消失不见。

什么是"零风险"？

风险无处不在——它们一直存在，也将永远存在。虽然我们无法完全消除风险，但我们可以控制自己如何应对它们。关键在于尽早识别潜在风险，并采取措施规避或减轻这些风险。当我们采取了必要的预防措施，并将失败的几率降到最低时，这些风险就不再对我们构成威胁。此时，对我们来说，它已经接近"零风险"了。

"零风险"并不意味着一条完美无缺、毫无障碍的旅程；它意味着在面临挑战时，能够主动、灵活地应对，并做好准备。通过采取经过深思熟虑的步骤和为未来做好准备，你将风险转化为可以管理的障碍，而不是无法逾越的壁垒。

"零风险"这个术语可能听起来像一个矛盾体。毕竟，每一项事业从本质上来说都存在风险。确实如此，但"零风险创业"的方法专注于通过准备、策略和明智的决策减少不必要的风险。

以亚马逊的早期发展为例。杰夫·贝索斯并不是一开始就创建了一个全球商业帝国，而是从卖书开始。他选择了一个需求可预测、库存成本低、并且可以在线扩展的产品类别。通过从小做起并在扩展之前优化业务，亚马逊在最小化初始风险的同时，为指数级增长铺平了道路。

对于你来说，"零风险"可能意味着在保持全职工作的同时，把创业作为副业开始。这可能意味着在扩大规模之前，先用一小部分客户来测试你的想法。不管你的方法是什么，目标都是避免孤注一掷，而是从扎实的基础开始构建。

本书将教会你什么

通往零风险创业成功的道路不仅是一张路线图，更是一种思维模式。你将学会如何像一位战略性企业家那样思考，在雄心和谨慎之间找到平衡。

本书的每一步都旨在引导你建立一个不仅盈利而且可持续的事业。你将学会如何：

1. 有效规划，充分利用现有资源。

2. 验证你的想法，以确保在承诺之前就有需求。

3. 在不承担不必要风险的情况下扩展和倍增你的成功。

4. 开发系统和方法，让你的事业在不依赖你的情况下茁壮成长。

每一章都充满了可操作的洞察、真实案例和实用工具，帮助你应对创业中的挑战。无论你是第一次创业还是已经有了几次经验，这一框架都将为你提供清晰度和信心。

为什么这段旅程重要

成功不仅仅是赚钱——它还意味着创造一些有意义的东西。这是关于解决真正的问题、建立关系以及留下遗产。"零风险创业"的框架不仅仅是一种策略；它是一种将你的事业与你的价值观和愿景合而为一的方式。

记住，成功并不是属于那些幸运儿或无所畏惧的人。成功属于那些规划周详、不断学习，相应调整，并采取深思熟虑步骤的人。当你开始这段旅程时，要知道你的每一个决定都将让你离目标更近一步。虽然这条路可能并不总是容易，但用正确的方法，它可以是改变你的人生的。

成功是我们的目标，零风险不是

创业的最终目标不是避免每一个风险，而是取得成功。成功，无论是通过财务自由、个人成就感还是创造持久影响力来衡量，才是真正重要的。风险是旅程的一部分，零风险不是我们的目的地。当我们完全专注于避免风险时，往往会限制我们的潜力。相反，我们应该是聪明地管理风险，同时始终以最终成功为导向。

商业中的风险现实

在任何创业活动中，风险是不可避免的。市场会变化，竞争者会出现，意想不到的挑战也会随之而来。然而，历史上一些最成功的企业，并不是通过完全避免风险而繁荣的，而是通过理解风险并为之做好准备。

以苹果公司为例。当史蒂夫·乔布斯推出iPhone时，这是一个大胆的尝试。当时智能手机市场几乎不存在，公司也面临失去忠实iPod客户的风险。但苹果团队通过专注于创新和用户体验来预判和减轻这些风险。结果呢？一款彻底改变技术领域的产品，确立了苹果作为全球领导者的地位。

对于小型创业公司来说，风险可能看起来没有那么高，但原则是一样的。成功来自于将雄心壮志与周密准备结合起来，而不是试图规避每一个挑战。

俗话说：不入虎穴，焉得虎子。对于成功，所有的困难都会船到桥头自然直。别忘了：富贵险中求

为什么成功比零风险更重要

成功是通过规划、验证、执行和成长不断积累的结晶。关键不在于你是否会面对风险，而在于你是如何克服这些风险的。完全规避风险的企业往往牺牲了增长的机会。例如，推出新产品或进入新市场都带有固有的风险，但其带来的回报往往非常巨大，如果你能有效的管控潜在的风险。

在我自己的创业经历中，我对此深有体会。创办一家搬家公司并不是没有风险的——竞争非常激烈。但我没有过于纠结于避免每一个可能的风险，而是努力往前冲，专注于解决问题和克服挑战，尽量预见并管控所有可能的风险，并及时解决所有遇到问题。通过拥抱经过计算的风险，并始终专注于最终目标，这家企业最终成为了我的成功之一。

重塑你的思维方式

重要的是将风险视为成长的机会，而不是障碍。当你遇到风险时，问问自己：最坏的情况是什么，我该如何从中恢复？通过提出这些问题，你可以将思维从恐惧转变为力量。

记住，成功不仅需要计划，更需要实际行动。它在于即使面对不确定性，也要自信地向前迈进。6步棱镜法（PRISMs Method）旨在帮助你识别并最小化风险，使它们不会掩盖你通往成功的旅程。关注点始终在于进步——一步步接近你设定的目标。

成功远远比规避风险重要

你可以承担风险，但要承担在正确时间的正确风险。而成功，才是定义你创业旅程的标准。成功是关于实现对你最重要的里程碑，无论是财务独立、建立遗产，还是改变世界。目光始终锁定在目标上，让风险成为引导你前行的工具，而不是阻碍你的绊脚石。

什么是成功？

成功对每个人的意义都不同。对一些人来说，成功意味着财务自由——一种无需再为金钱所困的生活。对另一些人来说，成功意味着影响力——通过创新、服务，或创造真正有意义的事物来改变世界。无论你如何定义成功，有一点是共通的：成功是非常个人化的。它不是照搬他人的蓝图，而是根据自己的目标精心打造的结果。

当我第一次创业时，我以为成功只是用金钱来衡量。我创立的第一个生意——买卖电脑和相关产品（实际上你很难称它为真正的公司）确实赚了钱，但它并没有让我感到满足。随着时间的推移，我意识到，成功不仅仅是数字；成功是创造一些符合你的目标、价值观和未来愿景的东西。

定义属于你的成功

实现成功的第一步是定义成功。这种清晰的认知将指导你的决策，让你专注，并帮助你衡量进展。问问自己：

1. 你是否想建立一个可以传承下去的事业？

2. 你的目标是为家庭提供保障并实现财务稳定吗？

3. 你是否渴望解决社会问题或改善他人的生活？

例如，埃隆·马斯克对成功的定义包括推动人类前进——无论是通过电动车、太空探索还是可持续能源。他的愿景指导着他的每一个决定，即使面对失败和挫折，他始终保持清晰的目标。

对一些人来说，成功或许是开一家社区咖啡店，既能养家糊口，又能为邻里提供一个温馨的聚会场所。

你的成功可能截然不同。它可能是简单地创建一个让你能有更多时间陪伴家人的事业，也可能是像颠覆一个行业那样雄心勃勃。没有所谓的对错定义——只有对你而言真实的才最重要。

成功的维度

成功通常包含多个维度，包括：

财务维度：赚取足够的收入来维持和发展你的事业，同时满足个人需求。

个人成就感：享受你所从事的工作，并为自己的成就感到自豪。

影响力：无论是对客户、社区还是世界，都能带来积极的改变。

例如，当我将重点转向货运和搬家行业时，我对成功的定义不仅仅是财务稳定，还包括提供卓越的服务，减轻客户的压力。这种对他人生活带来影响的感受让我的工作更加有意义。

为什么成功是旅程，而非终点

重要的是要记住，成功并不是一个静态的终点。它会随着你的成长、学习和成就而不断演变。你在起步时认为的成功可能在几年后不再能满足你，而这很正常。

以杰夫·贝索斯为例，他从经营一家在线书店起步，到将亚马逊发展为全球商业巨头。每个成长阶段都带来了新的挑战和机遇，扩展了他对成功的定义。同样地，当你达到新的高度时，你的旅程也会不断提供重新定义成功的机会。

成功既是个人化的，也是不断发展的。通过清晰地定义它并忠实于你的愿景，你为一段充满意义的创业旅程奠定了基础。记住，成功不是避免失败，而是关于你所建立的事物、你成为什么样的人，以及你留下的遗产。

你的成功是什么？

准备好迎接属于你的成功了吗？

让我们从零风险创业的第一步开始！

第一步：规划· 第一次创造

每一个伟大的企业都始于一个想法和计划。第1步是关于奠定基础——你的愿景的第一次创造。在投入执行之前，你必须明确成功的定义，了解你的资源，并规划前进的路径。规划不仅仅是写一份商业计划书；它更是为了创造清晰的方向感和目标感。

将这一阶段想象为为一座房子设计蓝图。没有坚实的设计，无论你在施工上付出多少努力，形式都会脆弱。同样，一个没有强大规划的企业，即使你再有热情或技能，也很容易崩塌。

规划帮助我避免了在早期创业中重复许多错误。当我创立货运和物流公司时，我花时间评估市场、了解自己的优势，并明确我如何比竞争对手更好地提供价值。这一规划起到了至关重要的作用——它将一个想法变成了一个可持续的、繁荣的企业。

为什么规划很重要

规划能够让你：

1. **明确愿景**：清楚了解你在构建什么以及为什么构建它

2. **识别资源**：盘点你现有的资源以及未来所需的资源。

3. **降低风险**：及早发现潜在挑战，并制定应对策略。

没有计划，你不仅是在冒险，更是在赌博。有了计划，你是在做经过计算的决策，从而大幅提升成功的概率。

第一次创造

这一阶段被称为"第一次创造"，因为一切都始于你的头脑。在你创造产品、服务或企业之前，你必须先在头脑中创造它。史蒂芬·柯维在他的书《高效能人士的七个习惯》中提到，万物都要经过两次创造：第一次是头脑中的创造，第二次是现实中的创造。而这一步正是关于这种头脑中的创造。而在本书中，我们为您定义了一个零风险创业成功的三次创造法，而这第一步就是我们的第一次创造，即：规划。后面我们会介绍第二次创造：验证，还有第三次真正的在现实中创造：点火，扩展，倍增和成功。

在这一部分，我们将探讨每位创业者必须回答的基础性问题：

1. 你为什么想创业？

2. 你真正要卖的是什么？服务，还是产品？组合还是其他？

3. 谁是你真正的客户，他们为什么愿意付钱？

4. 你如何定价？

5. 你的团队需要哪些人？

6. 你如何以及筹集多少资金来启动业务？

7. 你有哪些资源？

通过这些章节，你将发展出从梦想迈向行动所需的思维方式、策略，和具体行动步骤，当然还有准备好如何避免风险。

为未来奠定基础

规划不是一次性的活动，而是一个持续的过程。随着你在棱镜法（PRISMs Method）中的进展，你的计划也会不断演变。但你在这里打下的基础，将支持接下来的每一个步骤。在完成第1步后，你将拥有一份清晰且可执行的路线图，以指导你的创业旅程，同时具备迈向成功的第一步所需的信心

第1章：思维方式·成功的基石

你的思维方式是创业旅程的基石。它不仅决定了你做什么，还决定了你如何思考。正确的思维方式能够引导你克服挑战，帮助你做出更明智的决策，并让你专注于最终目标。如果没有正确的思维基础，即使是最完善的计划和资源也可能功亏一篑。

回顾我创办的那些企业——有些成功，有些失败——可以清晰地看到，思维方式起到了关键作用。早期，我带着雄心和恐惧的混合思维模式开始创业。在最初的几次失败中，我意识到，盲目乐观，和恐惧模糊了我的判断，并导致了仓促的决定。但当我转变为一种学习、韧性和自信的思维模式时，我的事业轨迹——包括我的货运公司、搬家公司以及房地产业务——发生了彻底的改变。

为什么思维方式很重要

在商业中，通往成功的道路并不是一条直线。会有挫折、疑虑和意想不到的挑战。区分成功的企业家和放弃的人，不是运气或天赋，而是他们的思维方式。

思维方式决定了你如何应对失败。有些人认为失败是终点，而另一些人则将其视为垫脚石。它影响你如何看待风险——是因为恐惧而回避，还是通过准备和自信来面对。而最重要的是，它决定了当道路变得艰难时，你如何保持动力和毅力。

想想埃隆·马斯克在SpaceX的创业历程。他的前三次火箭发射失败，几乎让公司破产。但他的思维方式——一种对创新的执着追求和对愿景的坚定信念——推动他坚持下去。同样的思维方式使SpaceX成为全球航天探索的领导者。

如何建立正确的思维方式

本章将指导你在创业之初进行必要的心理转变。你将学到：

1. 为什么你创业的理由比你想象的更重要。

2. 如何拥有宏大的视野，但以聪明的方式从小处着手。

3. 为什么追求完美不是目标，不断进步才是关键。

4. 如何让你的价值观、原则和使命与行动保持一致。

5. 为什么在企业真正实现自我维持之前，始终保持心理上的投入是至关重要的。

这些原则将帮助你建立一种不仅能够应对挑战，而且能预测并在挑战中成长的思维方式。

思维方式的旅程

成功的思维方式不是一夜之间形成的，而是一个学习、适应和成长的过程。随着你阅读本书，你的思维方式也将不断发展。本章为这一成长奠定了基础，为你提供以清晰、自信和韧性来面对创业的工具和视角。

对我来说，那些成功的企业并不是拥有完美条件的，而是我通过正确的思维方式来适应、创新和坚持的结果。拥有正确的思维方式，你的事业也可以在面对任何障碍时取得成功。

你为什么想创业？

每一位创业者的旅程都有一个起点——或是灵感的火花，或是内心深处的渴望，抑或是迫切需要解决的问题。理解和诚实面对你的"为什么"，是创业最关键的一步之一。它将成为你面对挑战时的动力，也是引导你做出决策的指南针。但找到真正的"为什么"，并不像听起来那样简单。

当我创办搬家公司时，我最初的动机只是为了挣钱，和免于找工作。同时，我也看到行业中缺少可靠、专业、注重客户服务的公司，这正是一个机会。但随着业务的发展，我意识到我的"为什么"远不止于此。它不仅仅是挣钱，而是关于建立良好的口碑，解决客户的实际问题，打造一个让我引以为傲的公司。这种认识给予了我前进的目标和方向，让我在最困难的日子里也能坚持下去。

找到你的真正动力

许多人创业的原因包括实现财务自由、追求独立或追随内心的热情。这些动机都是合理且有力的，但重要的是要深入挖掘。问问你自己：

1. 你是想解决某个特定的问题吗？

2. 你是否希望创造一个与你的价值观和愿景相契合的事业？

3. 这是否是你创业的唯一原因？请对自己诚实，因为只有你自己清楚真正的原因是什么，有可能对外公开的只是一个托词。

4. 你是否希望通过创业留下自己的遗产？

你的"为什么"是独一无二的。比如，星巴克前CEO霍华德·舒尔茨的目标不仅仅是卖咖啡。他想创造一个让人们能够彼此连接的空间——一个家与工作之间的"第三空间"。这个更深层次的动机塑造了星巴克，使其成为今天的全球品牌。

同样，当我涉足货运和物流行业时，我的"为什么"也不仅仅是物流服务，而是连接企业与个人，让他们跨越国界抓住机遇，以一种创造实际价值的方式解决复杂的挑战。这种清晰的目标让我即使面对市场的障碍时，也能保持专注。

将你的"为什么"与目标对齐

一旦你明确了自己的动机，确保它与你的业务目标相一致。一个强大的"为什么"不仅能激励你，还能为你的战略提供方向。如果你的目标是帮助他人，你的商业模式如何支持这一点？如果你的目标是实现财务独立，你是否做好了盈利和可持续发展的规划？

以Spanx创始人莎拉·布蕾克利为例，她的"为什么"是创造一个能让女性更自信的产品。这一使命指导着她的每一个决策，从产品设计到品牌推广，都围绕这一核心价值展开，最终让Spanx成长为一个市值数十亿美元的公司。

对于你的事业，先从写下你的"为什么"开始。定期回顾它，尤其是在面对艰难决策或怀疑自己的时候。它会提醒你，你所追求的是什么，以及为什么这很重要。

成功的基石

你的"为什么"不仅仅是一句激励的口号，它是你事业的基石。当困难不可避免地出现时，你创业的理由会让你脚踏实地。它将激励你的团队，吸引客户，并让你在竞争中脱颖而出。更重要的是，它会赋予你的事业以灵魂，让它不再只是一个赚钱的工具，而是一项更有意义的事业。

所以，花些时间去思考你为什么想要创业。诚实地面对自己，深入思考是什么真正驱动着你。你的"为什么"是你旅程的起点——也是支撑你走向成功的力量。

你的"为什么"是什么？

这个生意值得启动吗？

并非每个商业点子都值得去追求，知道哪些机会值得抓住是每位创业者都必须掌握的重要技能。随着时间的积累，我为自己设立了两个标准都必须同时满足，用来判断一个生意是否值得启动。

1. 对我来说，这个生意必须具备足够大的成长潜力，如果成功的话能够让我感到自豪，

2. 同时其中可能的风险必须是我可以承受的。

如果不符合这两个标准，这个生意就不适合我。但在早期，我并没有这样的清晰认知。

当我最初尝试创业时——比如在大学里卖电脑配件，或者创办搬家公司时——我并没有认真考虑它们的长期潜力或经过计算的风险。结果是，我很快就遇到了瓶颈或天花板，不得不迅速考虑新的商业点子。那时，我的主要目标只是赚钱并找到创业的切入点。虽然这些尝试为我提供了宝贵的经验，但也让我明白了设立清晰标准以选择正确机会的重要性。

设定标准

一个好的商业点子不仅仅是你"能做的"，更要符合你的目标、资源和风险承受能力。这并不意味着你的点子必须完美或零风险，但它应满足几个关键标准：

成长潜力：这个生意是否有足够大的成长空间，能让你引以为豪？能够扩展、扩大或产生有意义影响的生意更有可能保持你的兴趣，并带来长期回报。

可控的风险：所涉及的风险是否是你可以承受的？创业从来不是零风险的，但如果风险超过了你的财务或心理承受能力，可能会导致不必要的压力和失败。

例如，当我进入货运和物流行业时，我知道市场规模足够大，能够支持显著的成长。同时，我评估了风险，判断这些风险是我凭借自身资源和经验可以承受的，尤其是我采用了本书讲到的零风险创业方法，更加没有风险的压力。这种潜力与可控风险的结合，让它成为了一个适合我的好生意。

什么样的生意"不好"？

相反，如果一个生意不符合你的标准，它可能会消耗你的时间、精力和资源。在我创业初期，由于缺乏明确的标准，我接受了所有能找到的机会。大学时卖电脑配件是一个很好的起点——它让我学习了采购、销售、谈判、营销和客户服务的基本技能。但它不是一个可扩展的生意，也无法成为我的长期职业。

同样，我创办搬家公司时，主要目的是赚钱，而不是经过深思熟虑的机会选择。在2006年创办这家公司不久，大概3年之后，我就评估认为公司的发展遇到了天花板，当时基本上已经是温哥华华人社区最大的搬家公司。但要进一步扩展到一个更大的规模，我真正感到自豪的巨大规模，证明是一个很大的挑战。并且我也从模式上进行了探索，由于行业的特性，难度特别的大，主要是工人的缺乏。尽管这家公司也取得了一定的成功，但它缺乏战略思考和规划，导致发展三年后不能更进一步。这也是我现在做决策时最注重的部分之一。

从好的方面来看，这家公司给了我难以置信的学习机会。这是一项极其有挑战的生意，充满了各种挑战，而这些挑战迫使我快速的不断成长和适应。随着时间的推移，这些困难大大提升了我的问题解决能力和整体商业判断力，为我未来的创业奠定了坚实基础。我在从中也发现了很多的商机，后来的货运物流公司就是在搬家公司的基础上发展而来的。并且给了我一个深入的，快速的，了解北美的社会运作难得的机会，尤其是作为一个新移民，对语言，文化，商业环境各方面都不熟悉。

让生意与你的愿景保持一致

要判断一个生意是否值得启动，问问自己：

1. 这个生意是否让我感到兴奋？如果你对它不够热情或没有足够的兴趣，很难坚持下去，取得成功。

2. 我能看到这个生意的成长空间吗？一个好的生意应该有发展空间，无论是通过扩展运营、拓展市场，还是多样化产品。

3. 我愿意并且能够承担相关的风险吗？没有一个生意是没有挑战的，但你应该有信心，这些风险是你自己能够承受的。

随着经验的积累，你的标准会变得更加清晰，就像我一样。但即使你还处于创业旅程的起点，认真思考这些问题也能帮助你避免代价高昂的错误。

结论

一个好的生意不仅仅是能赚钱的生意，更是符合你的目标、资源和成长潜力的生意。在创业初期，你可能会像我一样，从身边能找到的机会开始。但随着你作为创业者的成长，设立一个评估机会的标准，将为你节省时间、精力，并减少挫败感。记住，最好的生意是那个你很有热情，与你的愿景保持一致，并且有潜力让你真正感到自豪，并且你能够承受相关风险的生意。

你拥有什么资源？

创业不仅仅是有个好点子，更在于执行。而执行需要资源。无论你是要创办一家科技公司、一家咖啡店、房地产中介服务还是营销公司，了解你目前所拥有的资源以及你所需要的资源，是规划过程中至关重要的一步。许多创业者过于关注自己缺少什么，而忽略了他们已经拥有的资源。识别并最大化现有资源，往往是决定成功与失败的关键。

当我创办搬家公司时，我的起点并不高。我在这个行业的经验微乎其微——在一家搬家公司只做了一周，在另一家公司也只有三天。我也没有钱，但我有愿意吃苦的决心。为了启动，我向银行借钱，并依靠三张信用卡买了第一辆卡车。在经验和资金不足的情况下，我用决心、精力和快速学习的能力弥补了不足。通过专注于自己所拥有的——良好的信用和成功的驱动力，而不是纠结于自己缺少的东西，我最终建立了一家成功的企业，为无数客户提供了优质服务。

评估你的资源

每个创业者都有资源，即使他们自己没有意识到。盘点你在以下几个方面拥有的资源：

实物资源：你是否拥有设备、材料，或者可以使用的空间？比如，当我在大学里卖电脑配件时，我的宿舍就成了临时仓库。如果你足够灵活和有创意，即使是最小的实物资产也能发挥出价值。

财务资源：你能在不影响个人稳定的前提下投资多少？考虑你的储蓄、信用额度，或者家人和朋友的支持。当我开始货运业务时，我采取了策略性的方法来降低成本。我并不需要庞大的预算或大量投资，通过明智地启动和利用现有资源，我几乎没有前期投入就成功地启动了货运公司。

技能和知识：你的专长往往是你最宝贵的资源。你有什么技能？也许你擅长人际关系、市场营销或物流管理。当我开始做房地产中介时，我对本地区域的了解以及与客户建立联系的能力，是促成交易的关键因素。

人际关系：不要低估你的社交网络的力量。你认识谁可以支持你、可以为你提供建议或与你合作？在我职业生涯的早期，导师、顾问和朋友们的指导，帮助我度过了许多艰难的抉择时刻。

时间：时间是许多创业者容易忽视的资源。如果你在全职工作之余开始创业，晚上和周末的时间可以用于构建你的事业。对我来说，那些额外的时间在发展我的业务时至关重要，同时也让我避免了过度的财务压力。

最大化现有资源

一旦你评估了自己的资源，下一步就是有效地利用它们。不要让缺乏资金或经验阻碍你前进。相反，问问自己：

1. 我如何能更好地利用预算，覆盖最基本的需求？

2. 是否有办法通过交换资源或合作的方式获取所需？

3. 我能学习新技能，取代雇人，或外包吗？

例如，当我刚开始启动搬家公司时，我主要依靠口碑推荐，和自己多年线上营销的经验，和在北京开电脑公司时积累的营销，管理，和谈判经验。通过提供卓越的服务，我将每一位满意的客户都变成了我的"推广者"。这几乎不需要我花任何成本，但回报却非常显著。

填补资源空缺

在识别和最大化现有资源后，记录下你还缺少的部分。这并不意味着你要惊慌失措，而是一个激发创造力的机会。想办法获取所需资源，无论是通过合作伙伴、贷款，还是创新的解决方案。

比如，当我创办家具店时，我与供应商合作，对方提供灵活的付款条件。这种安排让我可以顺利进货，而不需要超出我的预算。识别资源缺口，并找到明智的解决方法，是成功创业者的典型特征。

结论

你的资源是你事业的基石。通过花时间评估你拥有什么、最大化这些资源的潜力，并通过战略性的方法填补缺口，你就为成功打下了坚实的基础。记住，成功并不取决于你是否拥有一切，而在于你如何充分利用已有的资源，并找到创造性的方式弥补不足。每一个伟大的企业都始于对资源的巧妙运用，而你对现有资源的关注与努力，将让你离目标更进一步。

大胆思考，精明小步开始

怀揣大梦想是创业的重要组成部分。正是这些梦想激励我们去创造有意义的事物、解决重大问题并产生持久的影响。然而，尽管宏大的愿景为我们指明了方向，精明而小规模的起步却能让我们保持脚踏实地和现实。如果没有实际的第一步，一份宏大的愿景永远都不会实现。而鲁莽的、步子太大的第一步，往往很容易会导致挫败、倦怠或失败，从而严重打击自己的自信心。万事开头难，尽量把你的开头做好，做出自信心。

当我刚开始创业时，我有很大的抱负，但资源却非常有限。我很快意识到，如果没有坚实的基础就去追求一个庞大的计划或者想法，只会招致失败。于是，我从小处着手，先试水并从每一步中学习，然后逐步扩大规模。这种在雄心与实际之间找到平衡的方法，成了我成功的基石之一。

为什么大胆思考很重要

大胆思考为你提供目标和清晰感。它是关于设想你想要创造的未来，并设定一个大胆的目标来引导你的行动。大梦想是推动埃隆·马斯克设想电动车普及或太空旅行普及化的动力所在。没有这种广阔的视野，企业往往会止步不前，难以激励创始人或客户。

对我来说，大胆思考意味着设想一个可以跨越国界连接人们的货运公司，或者一个不仅仅是完成交易，还能帮助家庭找到梦想家园的房地产事业。这些愿景为我提供了动力，并让我清楚地知道我想去往何方。

为什么精明小步起步至关重要

虽然大胆思考设定了方向，小步起步则确保你不会在第一步就跌倒，或跌的太重。许多创业者失败的原因在于他们试图一步到位，迅速大规模启动，却没有验证自己的想法或建立稳定的基础。

当我创办搬家公司时，我并没有一开始就试图与那些行业巨头竞争。我从一辆小卡车起步，专注于为本地客户提供卓越的服务。这个小规模的开始让我得以学习行业知识、建立声誉，并在不超出自己能力范围的情况下稳步成长，购买更多的卡车。同样地，在我的货运业务中，我通过战略性地降低成本，在扩展之前证明了商业模式的可行性，并逐渐扩大业务的范围至更多的区域。

精明小步起步的意义在于：

1. 在小范围内测试你的想法。

2. 通过控制成本来管理风险。

3. 在没有重大后果的情况下学习和调整。

在两者之间搭建桥梁

大胆思考和小步起步并非对立——它们是互补的策略。先设想你的最终目标，然后逆向思考实现目标所需的步骤。专注于今天你能做的事情，将你一步步带向宏大的愿景。

以亚马逊的起步为例。杰夫·贝索斯并不是一开始就创建了一个"无所不卖"的电商平台。他从卖书起步，同时怀揣着"万物商店"的宏大愿景。这样的起步让他能够优化运营、建立信任，并战略性地扩展。

对于你的业务，从你拥有的资源和你了解的领域开始。如果你梦想开一家全国连锁的咖啡店，那就先从第一家小店起步，完善模式，然后逐步扩展。小步起步并不会限制你的愿景，反而能确保你为可持续增长做好准备。

结论

大胆思考激励自己并为未来设定方向。精明小步起步则让你的努力扎根于现实并在过程中学习。通过将雄心与实际结合起来，你将创造出通向成功的强大平衡。请记住，每一个大企业都始于小规模，但将它们与众不同的是，它们能够大胆思考并采取经过深思熟虑的战略步骤来实现愿景。

耐心：坚持与放手之间的抉择

商业上的成功很少是一夜之间的事。即使你拥有完美的配置、正确的产品和清晰的策略，成果的显现仍需要时间。耐心在创业中不仅是一种美德，更是一种必要。然而，耐心与浪费时间之间的界限十分微妙。知道何时坚持，何时转向，是创业者面临的最艰难的挑战之一。

耐心的重要性

当我创办搬家公司时，我拼尽全力去建立声誉并吸引客户。即使一切都准备就绪，也花了差不多一年的时间才开始看到稳定的结果。这并不罕见——企业需要时间来积累动力。客户需要了解你、尝试你的产品或服务，并信任你的交付能力。这个过程不会在几天甚至几周内完成，往往需要数月甚至数年。

以 Airbnb 为例。在公司早期阶段，它苦于吸引用户，并多次遭到投资者的拒绝。但创始人们耐心地完善他们的平台，调整策略，并慢慢建立了忠实的客户群。如今，Airbnb 已是家喻户晓的名字，但如果创始人当初没有愿意等待和适应，公司可能早已不存在了。

盲目耐心的危险

尽管耐心至关重要，但这并不意味着可以无视现实。有些业务或模式由于市场条件、假设错误或不可预见的挑战，注定无法成功。困难在于，特别是在缺乏经验的情况下，你无法提前预测所有问题。

2010年，当我开设家具店时，很快就意识到这不是适合我的生意。当时，我已经忙得不可开交——经营搬家公司、启动货运公司，并在同一年迎来了我的儿子。此外，我采用了一种错误的策略，试图同时销售新家具和古董家具。结果是筋疲力尽，无法应对，付出的努力远远超过回报。事后看来，这并不是一个可持续的模式。很快，我决定关闭家具店，将重点放在货运物流和搬家公司上。这次经历让我认识到，设定明确的评估标准以及知道何时放手的重要性。

找到平衡

在耐心和果断之间找到平衡的关键是创建一个评估框架。与其无限期地等待事情好转，不如设定具体的里程碑、时间线或条件。例如：

1. 时间框架：决定在当前策略上坚持多久——六个月、一年，或者更长时间，如果结果未能达成目标。

2. 衡量指标：确定可量化的进展指标，如客户增长、营业额，利润，或亏损等。

3. 评估节点：定期安排检查点，评估业务是否达到了你的期望。

这种方法让你能够保持耐心而不会变得自满。它还将情绪排除在决策过程之外，帮助你客观地判断是坚持还是转向。

学会放手

放弃一项业务或想法并不意味着失败——这是一种学习经历。即使是最优秀的企业家也曾放弃过无法成功的业务。关键在于吸取教训，并将其应用到下一次尝试中。

例如，当我意识到家具店未能达到我的增长预期时，我做出了关闭它的艰难决定。尽管当时感到痛苦，但这个决定释放了资源和精力，让我能够发展货运业务，而这成为了我成功的项目之一。

结论

耐心与果断并非对立的力量——它们是相辅相成的工具。成功需要时间，但无限期地等待结果并不是答案。通过设定明确的评估标准，你可以在坚持和务实之间找到正确的平衡。记住，目标不是完全避免失败，而是学习、适应，并带着目标不断前进。

在你真正成为"老板"之前，你并不是"老板"

"老板"或"CEO"这样的头衔往往象征着权威和威望，但成为企业主的现实却要复杂得多。在你的企业能够独立于你的日常参与运作之前——依靠自身的系统和领导力蓬勃发展——你还不是真正的"老板"。在初创和成长期，真正的"老板"其实是你的员工、客户、供应商、分包商，以及任何在维持业务运转中扮演角色的人。

对我而言，除非必要，我很少急于称自己为任何企业的"老板"。这并不是因为我不重视自己的位置，而是因为我明白，成为"老板"关乎责任和结果，而不是头衔。我是否被认为是"老板"并不重要，重要的是业务能否顺利运行，是否实现了它的目标，并取得了成功。

谁才是真正的"老板"？

在日常运营中，权威并不总是掌握在你手中。员工决定了客户实际获得的服务质量，客户决定了市场需求，分包商或供应商则影响了你的交付能力。这些利益相关者对你的业务成败拥有着重大影响。在你的公司能够不依赖你的直接参与运作之前，你作为"老板"的角色是有限的。

当我经营搬家公司时，我经常觉得自己受制于外部力量。员工决定了客户服务的质量，分包商控制着关键的资源可用性，而客户的满意度决定了公司的声誉。虽然从技术上讲我是公司所有者，但由于缺乏完善的系统和独立性，我并不是名副其实的"老板"。

真正的"老板"：系统与可持续性

一个企业只有在它能够独立于你运作时，才真正属于你。这需要满足以下条件：

1. 系统和流程足够强大，可以管理日常运营。

2. 领导团队能够在不依赖你的情况下做出决策。

3. 客户信任的是你的品牌，而不仅仅是你个人提供的价值。

当你将公司转变成一个运转良好的机器时，你会真正感受到企业属于你。此时，企业的成功不再依赖于你的持续参与。这一时刻清楚地表明了"所有者"和"老板"之间的区别。

头衔并不重要

对许多人来说，被称为"老板"是一种对其努力工作的认可。但对我而言，这只是一个称呼。无论别人是否认可我为"老板"，都不会改变我的关注点。我更关心的是业务的成功、团队和客户的满意度，以及能否建立起有意义的事业。

这种思维模式让我避免了分心和因自我驱动而做出的决定。它提醒我，领导力关乎结果，而不是外在的形式。一个头衔不会让你的事业成功——行动和战略才会。

"老板"的思维模式

要真正成为企业的"老板"，你必须：

1. 构建能够让业务在没有你持续监督下也能运作的系统。

2. 赋予员工和领导团队对其职责的责任感。

3. 专注于长期可持续性，而不是短期控制。

直到那时——也就是我们称之为第六步："真正的成功"——你应该接受这样一个现实：你的角色是服务于业务的需要，而不仅仅是拥有一个头衔。要认可并重视每一个帮助实现你愿景的人——你的团队、你的客户、你的分包商，甚至是你的竞争对手，他们挑战你不断进步。

结论

在企业不再依赖于你之前，你还不是"老板"。即使到了那时，"老板"也只是一个头衔。真正重要的是创造一个能够有效运作、服务客户并实现可持续增长的公司。领导力并不是宣称权威，而是通过结果赢得它。让你的业务成功本身成为最有力的证明，"老板"的头衔自然会随之而来。

零风险创业的思维模式

正确的思维模式往往决定了企业是蓬勃发展还是在压力下崩溃。零风险创业思维模式是以雄心和谨慎的态度来对待创业。它不是试图消除所有挑战，而是以明智的方式为挑战做好准备，减少不必要的风险，并最大限度地提高成功的机会。

当我创办最初的几家企业时，我并没有一个明确的思维模式。我充满激情，愿意努力工作，但我常常低估风险，或在没有充分准备的情况下就匆忙抓住机会。随着时间的推移，我意识到成功不仅仅依赖于努力工作，而是需要策略、韧性和经过深思熟虑的决策。零风险创业思维模式正是这些经验教训的结晶。

什么是零风险思维模式？

1. **专注于准备**
   拥有零风险思维模式的创业者明白，成功始于准备。他们会在做出重大决策之前花时间分析市场、了解目标受众并评估自身资源。
   例如，当我创办货运公司时，我通过从小做起并与可靠的分包商建立合作关系来战略性地降低成本。这种准备让我能够在不承担过多财务风险的情况下试水。

2. **适应能力**
   商业环境充满不确定性。零风险思维模式拥抱变化，并适应新情况。它让你学会将障碍视为转型和成长的机会，而不是畏惧。
   例如，当新冠疫情颠覆传统物流行业时，那些具备适应能力的企业迅速转向数字化解决方案或多样化其服务，而那些抗拒变化的企业则难以生存。

3. **乐观与现实的平衡**
   这种思维模式不是过度谨慎或悲观，而是梦想远大，同时脚踏实地。具有这种思维模式的企业家相信自己的愿景，但不会忽视潜在的风险或警示信号。

从失败中学习

零风险思维模式的另一个核心要素是从失败中学习。并不是每个企业都会成功，但这没关系。关键在于从经历中汲取教训。

当我创办家具店时，我低估了工作量：管理库存、订购新产品、收购古董、安排广告、招聘和管理工作人员、协调送货、处理客户服务和保修，以及保持店铺形象的一致性。此外，将两种截然不同的产品类型——新家具和古董家具——放在同一空间销售也让客户感到困惑。虽然这项业务没能持续下去，但它让我意识到拥有一个清晰、专注且可扩展的战略的重要性。

失败并不是终点，而是通往未来成功的基石。有了正确的思维模式，你可以利用这些经验教训来优化你的方法，建立更好的业务。

为什么思维模式比金钱更重要

虽然资金资源很重要，但思维模式决定了这些资源如何被利用。仅仅专注于金钱的企业家往往会忽视规划、创新和客户关系等其他关键要素。而拥有正确思维模式的人，即使资金有限，也能取得非凡的成就。

例如，Airbnb 的创始人在早期通过出售谷物来为他们的创业项目筹集资金。他们的足智多谋和对自己想法的坚定信念帮助他们渡过难关，并最终将愿景转变为一家全球化企业。

培养你的零风险思维模式

要培养这种思维模式，可以从以下问题开始：

1. 我是否为这个业务可能面临的挑战做好了准备？

2. 在追求目标的同时，我如何最小化风险？

3. 我能从过去的失败或经验中学到什么？

零风险思维模式并不是完全避免风险，而是以战略性的方式面对风险，从挫折中学习，并为你的业务建立一个具有韧性的基础。

结论

零风险创业思维模式是一种准备、适应和韧性的结合。它意味着在梦想远大的同时脚踏实地，将挑战视为机遇，并从每一步旅程中学习。有了这种思维模式，你不仅能最小化风险，还能最大化成功的潜力。记住，正确的思维模式是任何伟大事业的基础。

三次创造

每一个成功的企业都经历了三次创造。这一原则体现了从创意到现实的旅程，涵盖三个重要阶段：头脑中的构思、验证阶段和实际执行。每一步既独立又相互关联，共同构建了一个可持续且有影响力的企业基础。

无论你是第一次创业的新手，还是经验丰富的企业主，这一概念都适用。我在自己的创业中深刻体会到了这一点，同时也在全球许多标志性企业的成功案例中看到它的体现。如果跳过任何一个阶段，都有可能破坏整个努力；而尊重并优化每个阶段，则会大大提高长期成功的概率。

第一次创造：头脑中的构思

第一次创造始于你的头脑。从你的发心，或灵光乍现，到你的想法成形、业务愿景浮现的地方。它关乎你想要建立什么样的事业，以及你希望解决的问题。头脑中的创造是你的梦想和使命所在。

例如，Spanx 创始人萨拉·布莱克利（Sarah Blakely）头脑中构想了一种能让女性在穿衣时感到自信的产品。她的想法很明确：一种既舒适又实用，同时不失时尚感的塑形内衣。这一愿景成了她创业旅程的指引。

当我创立我的货运公司时，我的头脑创造以简化客户的物流为核心。我想象了公司的运营方式、服务的客户类型以及市场中可以填补的空白。这种清晰的构想为我的后续行动提供了明确的方向。

关键问题：你的理想企业是什么样的，它将为世界带来什么样的价值？

第二次创造：验证

第二次创造是关于验证——在现实世界中测试你的想法，以确保它可行。在这一阶段，你需要超越理论，收集证据证明你的概念有市场需求。验证通过帮助你在做出重大投资前优化产品或服务，从而将风险降到最低。

以 Dropbox 为例。在正式推出之前，创始人德鲁·休斯顿（Drew Houston）制作了一段简单的视频，展示产品的运作方式。这段视频激发了巨大的兴趣，证明了市场对云存储解决方案的需求。通过这一验证阶段，休斯顿得以优化 Dropbox 并吸引早期用户。

对于我的货运公司，验证采用了一种低成本、低风险的策略。我通过在搬家广告中加入 - "加拿大美国-中港台澳-欧洲及世界各地" - 的字样来测试市场。这一改变几乎无需额外花费，但让我能够观察市场反应。当收到询问时，我挑选了一些客户来进行实际的运输。这些测试不仅证明了我可以高效完成这些服务，还帮助我计算了真实成本并优化了定价。在成功验证后，我才进一步扩展成全规模的运营。

关键问题：你如何用最少的资源和风险来测试你的想法？

第三次创造：实际执行

对于有的人，可能前两次创造比较短或者简单，但是不可忽略，或者有的人把前两次创造融入了直接的创造中，不断的验证，调整，和实施，这只是定义和名称的不同而已。

第三次创造是企业的实际实现。这是将验证后的想法付诸行动、推出产品或服务并适应现实挑战的阶段。执行是所有规划和测试的汇聚点。

苹果公司推出 iPhone 的过程是这一阶段的完美例证。头脑中的创造是一种革命性的设备，验证则通过多年的开发和原型设计来实现。当 iPhone 推出时，它并不完美，但足以颠覆市场并确立苹果在移动科技领域的领导地位。

对于我的搬家公司，实际执行涉及为客户提供卓越的服务，并从他们的反馈中学习。每一次互动都是改进运营、提高效率和建立信任的机会。这一阶段的成功取决于之前两次创造的良好衔接。

关键问题：你如何将经过验证的想法付诸现实，并适应新的挑战？

为什么三次创造同样重要

三次创造原则确保了创业旅程的每一步都建立在之前的基础之上。只有愿景而无验证，往往会浪费精力；只有验证而无执行，则会错失机会；而没有清晰愿景和计划的执行，通常会陷入混乱或迷茫。

亚马逊创始人杰夫·贝索斯（Jeff Bezos）的创业历程完美体现了三次创造的重要性。他的头脑创造是一个销售一切商品的在线市场；验证则从图书这一可控的产品类别开始；执行则通过平台的不断迭代和扩展，最终发展为今天的全球巨头。

总结

三次创造原则是将想法变为现实的框架。从大胆的愿景开始，通过验证测试其可行性，并通过有目的的执行将其付诸行动。通过尊重每一个阶段并确保它们相互配合，你将为一个不仅能生存且能繁荣的企业奠定基础。每一个伟大的企业都经历了三次创造——确保每一次都至关重要。

不要等到完美再开始

在创业中，完美常常被视为最终目标，但等待完美可能会成为你最大的障碍。事实上，没有任何商业想法、产品或计划从一开始就是完美的。成功来自于行动、学习，并在过程中不断改进。如果你等待一切都变得"完美"，你可能永远都无法开始。

我在自己的创业历程中深刻体会到了这一点。当我创立搬家公司时，准备和计划远远谈不上完美。我经验有限，资金借来的，只有一辆卡车。然而，通过从小规模开始并专注于提供优质服务，我逐步壮大了公司，购买了更多的卡车，积累了经验，并优化了运营。如果我一直等待一个完美的开局，我可能至今都没有开始。

为什么完美是一个神话

完美是一种幻想。市场在变化，客户需求在发展，意想不到的挑战随时可能出现。今天看似完美的东西，明天可能变得毫无意义。与其追求一个难以实现的标准，不如专注于打造一个功能性强且具有适应能力的商业版本。

以 Facebook 的早期发展为例。马克·扎克伯格（Mark Zuckerberg）在推出之前并没有等待创建一个完美的社交网络。Facebook 的第一个版本非常简单，仅针对大学生设计。随着时间的推移，用户反馈和市场趋势帮助它成长为我们今天熟知的全球平台。如果扎克伯格一直等到完美的产品才推出，可能机会早已被别人抢走。

现在开始，后续改进

开始并不意味着鲁莽地推出，而是要有策略地启动。专注于用现有的资源提供价值，并通过经验和反馈来指导改进。

例如，当我开始货运业务时，我并没有立刻在基础设施或营销上投入大量资金。我通过调整现有的广告，在搬家服务广告中提供货运服务来测试市场，我甚至都没有第一时间在所有卡车上贴上货运广告，因为卡车贴广告费用不菲，而是等到物流货运的服务很成熟后，才开始在自己的卡车上贴广告。

这让我能够在不冒重大风险的情况下验证想法并优化运营。当基础扎实后，我才有信心扩大业务规模。

关键原则：开始的最佳时机就是现在，用你现有的资源起步。

通过实践学习

在你准备好之前就开始，会迫使你快速学习和适应。现实中的经验往往是最好的老师。你会比等待一切完美再开始时更快发现什么有效、什么无效，以及哪些地方需要改进。

LinkedIn 创始人里德·霍夫曼（Reid Hoffman）曾说过一句名言："如果你推出第一版产品时不感到尴尬，那说明你推出得太晚了。"他的观点很明确：关键在于将产品推向市场，并根据真实的反馈进行迭代。LinkedIn 的早期平台非常基础，但通过尽早推出，他们得以根据用户需求不断改进。

等待的代价

等待开始的时间越长，错过的机会就越多。市场变化迅速，时机至关重要。等待完美往往会导致拖延、错失良机，并在最终启动时承受更大的压力。

当我开家具店时，我一开始犹豫不决，试图完善库存组合和店铺布局。但当店铺最终开业时，我才意识到这些细节远不如满足客户需求重要。回头看，如果我能更早开始并从客户行为中学习，这个业务可能会有更好的机会。

结论

你不需要完美才能开始——你需要的是行动。现在开始能够让你积累动力，从经验中学习，并一步步发展你的业务。记住，每一个成功的创业者最初都从一个不完美的想法起步，并在过程中不断改进。完美不是起点，而是坚持和进步的结果。

100 - 1 = 0

细节的重要性

在商业中，人们通常将成功归因于宏大的愿景、创新的想法以及大胆的战略。但事实上，无论你的整体计划多么强大，哪怕忽视了一个小小的细节，都可能让一切功亏一篑。这种"100 - 1 = 0"的公式揭示了一个现实：再大的努力都可能因为一个关键小错误而化为乌有。

这个原则贯穿了我的整个创业旅程。我深刻地体会到，尽管有远大的目标和战略行动至关重要，但关注细节才是成功与失败的分水岭。无论是在客户服务中的小疏忽，还是在物流中的微小错误，这些看似微不足道的失误都可能引发巨大的后果。

为什么细节重要

细节看似微不足道，但它们往往是信任、高效和声誉的基础。客户和合作伙伴会注意到小问题，而这些细节会影响他们对整个业务的看法。

以丰田公司为例。这家公司以高质量和可靠性闻名，但在2000年代，由于一些制造缺陷而进行的一系列召回事件，严重损害了其形象。尽管丰田的汽车仍是全球最好的之一，这些小错误却凸显了忽视细节如何影响甚至最成功的企业。

在我的货运业务中，我深刻体会到了这一点。有一次，我忽视了货物标签中的一个小问题，导致了交付延误。尽管问题看似琐碎，却让客户非常不满，还增加了额外的成本，甚至对公司的声誉和收益造成了重大损失。这次经历让我明白，无论多小的事情，都需要仔细检查，不能忽略。

宏观与微观的平衡

创业者常常沉浸于宏伟的蓝图中，比如扩大业务规模或推出下一款产品。尽管这种雄心至关重要，但必须与执行中的细致关注相平衡。小细节正是实现大构想的关键。

以苹果为例，该公司对细节的专注堪称传奇。从用户界面的直观设计到产品包装的精美程度，每个元素都经过深思熟虑。史蒂夫·乔布斯（Steve Jobs）甚至对产品中看不见的部分都极为苛求，因为他相信细节的卓越反映了公司的价值观。这种对细节的关注不仅提升了苹果的产品，还赢得了客户的忠诚和创新的声誉。

避免"1"导致的失败

为了避免"100 - 1 = 0"中的"1"，你需要建立系统来捕捉潜在问题，防止其升级。这包括：

清单和流程：标准化工作流程以确保一致性并减少错误的可能性。

反馈回路：定期收集客户和员工的反馈，帮助你发现问题的苗头。

优先排序：并非所有细节都同等重要。专注于那些对客户、运营和声誉影响最大的细节。

在我的货运公司，我为每项工作实施了详细的清单，从报价、包装、取货到交付。这确保了每一步都不会遗漏，为客户创造了更流畅的体验，也减少了团队的投诉。

忽视细节的代价

忽视细节可能导致以下后果：

失去客户：一次糟糕的体验可能会破坏信任，让客户转向竞争对手。

成本增加：修复错误的成本通常比预防错误要高。

声誉受损：在口碑和评价至关重要的时代，即使是小错误也可能带来大影响。

我曾经营过一家快递公司。在一个繁忙的假日季节，由于一个小的交接班错误，导致多位客户的包裹延误交付。虽然我们道歉并解决了问题，但声誉的损失却一直存在。这次事件让我更加坚定了执行细节化流程的决心。

结论

"100 - 1 = 0"的公式是一个强有力的提醒：企业的成功不仅仅取决于愿景和战略，还取决于执行。通过关注细节，你可以确保所有为业务付出的努力不会因为可以避免的错误而前功尽弃。

记住，在创业中，没有什么是"小"细节。每个细节都很重要，而你的任务就是确保它们与更大的目标一致。

顺应自然与趋势

在商业中，如同在生活中一样，成功往往属于那些行动与自然规律和趋势相一致的人。就像自然界遵循可预测的模式——四季更替，水往低处流一样，市场和行业也按照自身的趋势和动态不断演化。那些理解并适应这些力量的企业家，比起抗拒或忽视它们的人，更有可能取得成功。

这一原则影响了我的许多决策。无论是根据市场需求从个人货运转向商业物流，还是抓住房地产中的新兴趋势，将我的企业与市场的自然规律和全球趋势保持一致，常常是我从挣扎到成功的关键。

商业中的自然法则

自然告诉我们，逆流而行需要耗费巨大的能量，而且往往以失败告终。同样，在商业中，试图在没有需求的地方创造需求，或将过时的策略强加到不断变化的市场中，也是徒劳的，困难的。

以柯达为例，这家公司对数字摄影趋势的抵制为世人所知。尽管发明了数码相机，柯达却固守胶片业务，违背了技术发展的自然趋势。结果是其影响力和盈利能力急剧下降。如果柯达顺应趋势，或许它早已成为数字影像领域的领导者，而不是如今的警示案例。

当我创办搬家公司时，我注意到温哥华对专业且以客户为中心的服务需求正在增长。通过顺应这一趋势，我的公司得以迅速发展并建立了良好的声誉。这并不是创造需求，而是发现并满足现有的需求。

为什么趋势很重要

趋势是市场和行业走向的重要指示器。忽视趋势就像在错误的季节播种——你的努力很难有结果。顺应趋势并不意味着盲目模仿他人，而是要理解世界的变化方向，并让自己在其中占据有利位置。

就像小米集团的创始人雷军所说，站在风口里，猪都会飞起来。这就是趋势的力量，顺势而为，会更加的容易，成功率会更高。

例如，特斯拉的崛起证明了趋势的力量。埃隆·马斯克早在可持续能源和电动车成为主流之前，就意识到了全球对这些领域日益增长的兴趣。通过将特斯拉的使命与这一趋势保持一致，公司不仅获得了竞争优势，还帮助塑造了行业的未来。

在我的货运业务中，我注意到从个人物品运输向商业物流的转变。及时识别这一趋势让我能够转型，专注于高需求服务，并减少了与个人客户打交道时的运营难题。这并不是放弃我的初始模式，而是随着市场演变而调整。

如何顺应趋势

要让你的业务与趋势保持一致：

保持信息灵通：关注市场数据、客户行为和行业创新。

快速适应：随着趋势的出现或演变，愿意调整策略。

着眼长远：并非所有趋势都值得追随。专注于那些具有持久影响力的趋势，而非昙花一现的潮流。

例如，当我注意到数字营销的重要性日益凸显时，我从单纯依赖传统方法转向融入线上广告和社交媒体策略。这一调整不仅帮助我触达了更多客户，还为我的企业未来的发展奠定了基础。

逆流而行的危险

试图强行将业务与趋势背道而驰，不仅令人筋疲力尽，而且往往难以为继。例如，百视达(Blockbuster)对流媒体趋势的抗拒，使得Netflix在市场上占据主导地位。百视达坚持其过时模式的努力，最终导致了它的衰亡。

在更小的范围内，我也在经营家具店时经历了这一教训。试图同时出售新家具和古董家具，结果导致顾客感到困惑，也难以与专注于某一领域的企业竞争。如果我当时顺应简约主义的增长趋势，或专注于某个细分市场，结果可能会完全不同。

结论

遵循自然规律和趋势，是关于如何更聪明地工作，而不是更努力地工作。这是关于理解市场的流向，并让你的业务在其中茁壮成长。通过将你的努力与更大的力量保持一致——无论是客户需求、技术进步还是文化转变，你都能为成功奠定基础。记住，成功不是抵抗变化，而是拥抱变化，并随着变化不断发展。

第六步之前，创业之路并未结束

创业本身是一项成就，但要确保其持续成功需要不断地关注和努力。许多企业家在建立了一个盈利且运转良好的公司后，过早地将注意力转移到其他事情上，认为他们已经打下了足够坚实的基础。然而，在你的企业真正实现自我运转之前——拥有强大的系统、可靠的领导团队和清晰的战略目标和愿景，你的工作尚未完成。

这个教训我从搬家公司中深刻体会到。经过多年的辛勤工作，我任命了一位经理负责日常运营，并让他成为股东之一，而我保留了大部分股份。由于对他的能力充满信心，我将精力转向了其他业务。然而，由于种种原因，公司开始陷入困境，挑战接踵而至，搬家公司进入了一个艰难的时期。这次经历清楚地提醒我，一个企业的创业之路并没有真正结束，直到它能够真正的独立运营和繁荣发展，而不需要我持续的投入。

过早脱身的危险

企业家往往低估了将企业从"依赖老板"过渡到"自我运转"所需的时间和努力。没有适当的系统和领导团队，过早脱身可能导致企业的不稳定。

以霍华德·舒尔茨在2000年首次离开星巴克为例。尽管舒尔茨将星巴克打造为咖啡帝国，但他离开后，公司迷失了方向，过度关注扩张，而忽视了质量和客户体验。2008年，舒尔茨重新担任首席执行官并带领公司重回正轨，这表明即使是最成功的企业，在创始人愿景尚未完全传承之前，仍然需要持续的监督。

建立一个不需要你的企业

创业的最终目标是创建一个不依赖你生存的企业。这意味着建立强大的系统，授权有能力的领导者，并确保公司的使命和价值观深入企业文化。

对于我的搬家公司来说，我后来意识到我并没有在建立这些元素上投入足够的精力。尽管我的经理很有能力，但公司缺乏适应挑战所需的运营稳健性，和与时俱进的分配机制。我以为我的存在已经不再必要，但事实证明，企业还未准备好独立运转。此外，我未能密切监控业务，也未能及时进行必要的调整。

其他企业家的经验教训

许多著名的企业家都强调，在企业真正实现自我维持之前保持参与的重要性：

史蒂夫·乔布斯：在1985年被苹果公司驱逐后，乔布斯目睹了公司失去创新力并陷入财务困境。1997年他回归后，重建了苹果的文化和系统，确保了公司的长期成功。今天苹果的韧性正是乔布斯在第二任期内建立的系统的证明。

里德·哈斯廷斯：Netflix的创始人在公司从DVD租赁过渡到流媒体的过程中始终积极参与。直到Netflix确立了其在流媒体行业的领导地位、拥有强大的基础设施和清晰的发展方向后，哈斯廷斯才逐步退出日常运营。

判断你是否尚未完成

要确定你的企业是否已准备好让你脱身，可以考虑以下问题：

1. 是否已经建立了无需你干预即可处理日常运营的系统？

2. 领导团队是否强大且与公司的使命和目标保持一致？

3. 企业是否能够在没有你直接参与的情况下应对挑战和变化？

如果这些问题中有任何一个答案是"否"，那么你的工作尚未完成。过早退出可能会破坏多年辛勤工作的成果，并使企业陷入风险之中。

结论

"创业之路并未结束"提醒我们，建立一个企业并不是在盈利或雇佣了一个有能力的团队后就能停步不前。它止于企业能够自我运转、增长并独立繁荣发展的时候。通过在企业达到这一阶段之前持续投入，你可以确保自己的辛勤工作不会因可避免的挑战而付之东流。作为企业家，我们的职责是完成我们开始的事情——不仅为了自己，也为了依赖于我们愿景的员工、客户和利益相关者。

公司的指南针：使命、价值观与原则

每一个成功的企业都需要一个清晰的方向。使命、价值观和原则是你的指南针，指引着你的决策、行动和成长。它们提供明确性，激励团队，并向客户传达你的目标。没有这些基础元素，即使最好的商业计划也可能失去焦点和动力。

当我开始货运业务时，我并没有完全理解这些指导性概念的重要性。但随着公司不断壮大，我意识到拥有清晰的使命，原则和价值观不仅仅是形式，而是建立客户信任和运营一致性的关键。这些元素成为了我事业的基石。

使命：你的企业为何存在？

使命是你的存在理由，是你企业存在的目的，而不仅仅是为了赚钱。一份强有力的使命声明能够捕捉你的目标、解决的问题以及你为世界带来的价值。

以特斯拉为例，它的使命是"加速世界向可持续能源的转变"。这个使命不仅仅是在销售汽车，它定义了公司更广泛的影响力，并激励员工、投资者和客户共同支持其愿景。

关键问题：你的企业为何存在？你希望带来怎样的影响？

价值观：你如何运作？

价值观定义了你的企业如何运作。它们反映了你的立场，并指导你的内外行为。价值观塑造了公司的文化，确保了每次互动的一致性。

苹果对创新的承诺就是其价值观的基石。这一重点推动了产品开发、营销和客户体验。这就是为什么苹果的产品在全球范围内与创造力和高品质紧密联系在一起。

关键问题：哪些价值观将塑造你的企业运营方式？

原则：你的信仰是什么？

原则是指导你商业决策的不可妥协的信念。它们是定义你的业务方法和团队基调的伦理和运营标准。

杰夫·贝索斯以"以客户为中心"和"长期思维"这些原则建立了亚马逊。这些指导信念推动了亚马逊的成功，从其不懈专注于改善客户体验，到投资于像AWS和Prime这样的创新服务。

关键问题：在任何情况下，你都不会妥协的原则是什么？

统一使命、价值观与原则

使命、价值观和原则并不是独立的元素，它们共同作用来引导你的业务。使命提供方向，价值观定义实现目标的方法，原则确保沿途的诚信。它们共同构成了一个具有韧性和目标驱动型企业的基础。

结论

你公司的指南针——你的使命、价值观和原则，远不止是写在网站上的一份声明。它是你业务的核心，塑造着每一个决策和行动。通过清晰地定义这些元素并付诸实践，你不仅可以建立一个强大且一致的公司，还能激发团队和客户的信任与忠诚。

为什么大多数初创企业会失败？

创业是企业家可以尝试的最激动人心且最具挑战性的事业之一。然而，残酷的现实是，大多数初创企业都会失败。根据美国劳工统计局的研究，五分之一的初创企业在第一年内失败，而在开业后十年内，多达65%的初创企业会失败，虽然没有传说中80%，90%那么高，但是65%确实也是很惊人的数字。（数据来源：Forbes）

这些统计数据看似令人气馁，但它们也提供了宝贵的教训。理解初创企业失败的原因是避免常见陷阱并为你的企业成功奠定基础的第一步。

初创企业失败的主要原因

市场需求不足（35%）

初创企业失败最常见的原因之一是推出的产品或服务未能解决实际问题。根据CB Insights的研究，35%的初创企业因其产品没有市场需求而失败。企业家经常沉迷于自己的想法，而没有验证客户是否真正需要这些产品或服务。

一个著名的例子是Juicero，这是一款高科技榨汁机，尽管筹集了超过1亿美元的资金，但失败的原因是消费者不愿为一台昂贵的榨汁机买单，因为他们发现用手就能实现相同的效果。市场需求的缺乏最终导致了它的失败。

如果按照本书的3次创造法，来开创您的企业，大概率来说您的企业不会是这35%的其中一员。

资金耗尽（38%）

另一个主要的失败原因是财务管理不善。CB Insights还指出，38%的初创企业在实现盈利之前耗尽了资金。不良的预算、对收入的高估或对支出的低估会迅速耗尽资源。

当我创办家具店时，我亲身经历了这个挑战。微薄的利润率加上高昂的运营成本让业务难以维持下去。学会战略性地管理财务对生存至关重要。

团队与领导力不足（23%）

约23%的初创企业因团队相关问题而失败，包括缺乏经验、不良管理或内部冲突。建立一个合适的团队并培养有效的领导力是克服挑战和保持专注的关键。

以Theranos为例。这家公司最初因其大胆的主张而吸引了关注，但内部管理不善和技术专业知识的缺乏最终导致了它的崩溃。如果有一个有能力且透明的团队，可能会引导企业走向不同的结局。

缺乏适应能力（19%）

不能根据市场变化作出调整的初创企业通常会变得无关紧要。约19%的初创企业因僵化地坚持原计划，即使明显需要调整，也未能及时行动，从而失败。

Blockbuster是一个典型例子。尽管有机会与Netflix合作，但它仍然坚持过时的租赁模式，未能适应流媒体兴起的趋势。这种僵化最终导致了它的灭亡。

这些数字对企业家的意义

这些统计数据不仅仅是数字，它们是警告，也是机会。它们指出了企业家应该关注的领域：

验证你的想法：在推出之前，确保你的产品或服务是否有真正的需求。

仔细管理财务：是否有预算以及应对艰难时期的现金流计划？

建立强大且适应力强的团队：你是否围绕着与你的愿景一致并具备互补技能的人？

保持灵活性：市场需求变化时，你是否愿意调整方向？

从失败中学习

虽然失败率很高，但这并不意味着你不应该尝试。许多成功的企业家在实现突破之前都经历过失败。比如，埃隆·马斯克的早期创业项目，包括一个在线目录，都未能成功。然而，这些经历为他后来在PayPal、特斯拉和SpaceX的成功奠定了基础。

在我的创业旅程中，早期的失败让我学到了关于专注、战略和毅力的宝贵经验。我大学期间销售电脑配件的第一批业务虽然没能扩大规模，但每一次挫折都帮助我完善了我的方法，并使我的努力与长期成功更加一致。

结论

大多数初创企业失败的原因在于忽视了基本要素：市场需求、财务管理、团队建设和适应能力。通过理解这些挑战并为之做好准备，你可以显著提高成功的几率。记住，失败不是终点——它是学习、调整并以更强姿态重新出发的机会。

随时随地营销

营销是任何企业的生命线。它不仅仅是推广产品或服务，更是建立关系、提升认知、向受众传递价值。在当今这个快速发展的互联世界中，营销已经不再局限于特定的时间或地点。成功的企业家明白，营销机会无处不在，能否有效利用这些机会，往往决定了企业的成败。

当我刚开始我的搬家公司时，我的营销方式虽然简单，但却非常一致。我会在每次相关的谈话中提及我的公司，在本地报纸上投放广告，并确保我的卡车上印有醒目的品牌标志，并停在高人流区域。这些日常的小行动持续不断地为我的公司带来了曝光，也建立了稳定的客户群体。

为什么营销无处不在

营销不一定非得是广告牌或社交媒体广告。它发生在你与潜在客户、合作伙伴，甚至竞争对手的每一次互动中。它关乎你如何展示你的企业、传递你的价值并留下印象。

以星巴克为例。他们的门店不仅仅是购买咖啡的地方，更是沉浸式的营销工具。从店内的氛围到产品的展示，甚至是杯子上写的你的名字，这些细节都在强化品牌形象。每一次客户互动都成为了一次营销时刻。

同样地，当我创办货运公司时，我的营销早在我投资正式广告活动之前就已经开始了。我在搬家公司广告中加了一句简单的宣传语："加拿大美国 - 中港台澳 - 欧洲及世界各地" 的货运服务广告。"这项微小的改动几乎没有成本，却成为吸引新客户的有力工具。

营销不会等待

很多企业家常常犯一个错误，就是等到他们觉得"准备好"了才开始营销。他们等待一个完美的网站、一个成熟的产品，或者一个更大的预算。然而，事实是，营销不会等待，你也不应该。小规模的持续营销远比等待完美时机更有效。

从你现在的资源出发，并通过实际的反馈不断完善你的策略。营销不一定要宏大，但一定要有效。

利用每一个时刻

要让营销成为你业务中的常态，可以考虑以下策略：

保持可见性：无论是在线还是线下，确保你的业务始终可见。在社交媒体上活跃，参与活动，与社区保持联系。

跳出广告的框架：营销可以通过客户服务、口碑、电子邮件、印有品牌的T恤，甚至是产品的包装来实现。

抓住日常互动：当机会出现时，谈谈你的业务。每次谈话都是一次营销的机会。

当我经营搬家公司时，我的卡车不仅仅是运输工具，它还是一块会移动的广告牌。我会将它策略性地停在显眼的地方，从而吸引询问并增强品牌的曝光度，几乎不需要额外成本。后来，当我开始从事房地产经纪业务时，我在卡车的侧面和后门上印上了我的名字和照片。这种方式让我的房地产业务迅速脱颖而出，吸引了大量关注并提升了认知度。

数字化优势

如今，数字平台彻底改变了营销方式，让企业能够随时随地触达受众。社交媒体、电子邮件活动和在线市场使得与客户的连接比以往任何时候都更加容易。

以加里·维纳查克为例。他通过YouTube发布葡萄酒品鉴视频，将家族的酒类商店发展为一个价值数百万美元的企业。他对数字平台的创新性利用不仅扩大了客户基础，还使他成为行业内的思想领袖。

即使预算有限，社交媒体广告、内容营销和搜索引擎优化等工具也能让你的企业在全球范围内获得曝光。关键是立即开始，并随着业务的发展不断调整。

结论

营销不受时间和地点的限制——它是一个持续且动态的过程，需要真实与一致性。在每一次互动中，无论是在线还是线下，都是展示你的企业并建立连接的机会。通过将营销作为日常实践的一部分，你为企业的增长和品牌认知奠定了基础。记住，最好的营销时机是现在，而最好的营销地点就是你所在的地方。

最重要的人：你自己

在创业和经营企业的忙碌中，很容易忽视一个关键事实：你才是公司里最重要的人。你的愿景、决策和精力推动着业务向前发展，而如果你没有保持最佳状态，其他一切都会受到影响。照顾好自己不仅是个人责任，更是一种商业策略。

当我忙于管理多项业务时，经常忽视自己的健康，长时间工作，把自己推到极限。随着时间的推移，我意识到，无论我的目标多么雄心勃勃，如果我在精神和身体上都无法保持健康，就无法实现它们。从那时起，我开始把自己视为公司中最有价值的资产，并优先考虑自己的健康与成长。

身体健康：成功的基石

经营一家公司需要充沛的精力、专注力和耐力，而这些都来自于保持身体健康。请优先考虑以下方面：

1. **定期运动**：规律的身体活动不仅让你保持健康，还能提升情绪、增强思维能力。即使是每天30分钟的锻炼，也有助于缓解压力并提高工作效率。维珍集团创始人理查德·布兰森将自己的成功部分归功于保持活跃。他提倡运动，认为这能让他每天多出四个小时的高效工作时间。规律性的有氧运动，比如跑步，或者游泳，对于我们的健康是有其重要的。

2. **健康饮食**：用营养丰富的食物为身体提供能量，确保你有足够的精力应对挑战。避免依赖垃圾食品或过量咖啡因，以免导致精力骤降。

3. **休息与睡眠**：疲惫的大脑容易做出糟糕的决策。优先保证充足的睡眠，以恢复精力并保持头脑清晰。尽管日程繁忙，埃隆·马斯克也强调，每晚至少睡六小时是他高效工作的关键。

心理健康：保持稳定的心态

心理健康与身体健康同样重要。创业之路充满压力，如果没有适当的照顾，很容易感到不堪重负或倦怠。请优先关注心理健康：

练习正念：冥想、写日记等技巧可以帮助你保持专注并减轻压力。

设定界限：学会在必要时说"不"，并为自己和家人留出时间。

寻求支持：当需要指导或安慰时，不要犹豫向导师、教练或心理咨询师寻求帮助。

当我因为管理多项业务而感到不堪重负时，退一步反思我的目标帮助我重新找回了方向。清晰的思维对于做出明智决策和实现长期成功至关重要。

持续投资于自己

你是公司最宝贵的资产，因此通过个人成长来投资于自己：

学习新技能：跟上行业趋势和工具的步伐，以保持竞争力。

扩大人脉：与激励你、挑战你的人为伴。

适时休息：短暂离开工作有时会带来突破性的想法。许多企业家发现他们最好的创意往往来自于工作之外的时间。

结论

作为一名企业家，你是企业的核心。优先考虑你的健康和幸福不是一种奢侈，而是必要的条件。通过保持身体活跃、心理平衡并不断成长，你可以确保自己处于最佳状态，从而带领企业走向成功。请记住，公司里最重要的人就是你自己。照顾好自己，因为你的成功以及公司成功都取决于你。

一切皆有可能与采取实际行动

"一切皆有可能"是一个强大的思维方式，能够激发创新、驱动抱负，并激励人们勇敢探索未知领域。这种信念鼓励我们在障碍中看到机会，并相信自己有潜力实现非凡成就。然而，这种思维方式虽然对创业和成长至关重要，却不是一味冒进的借口。相反，它是解决问题、找到方案、拓宽能力边界的基础。

相信一切皆有可能的力量

相信"一切皆有可能"能够打开你的思维，让你注意到本可能会忽视的机会。这种思维方式帮助你以好奇心而非失败感去面对挑战，并推动你找到创新的解决方案。当我最初考虑进入货运和物流行业时，很多人会觉得没有物流经验的我几乎不可能成功。然而，正是这种"一切皆有可能"的信念让我有勇气去学习、适应，最终在这个陌生的行业中站稳脚跟并取得成功。

同样，伟大的创新者如埃隆·马斯克（Elon Musk）也证明了这种思维方式如何带来变革性的成就。从通过SpaceX重新构想太空旅行，到通过特斯拉加速可持续能源转型，马斯克凭借对"不可能"的信念，推动了十年前还无法想象的突破。

警示：可能性不等于立即行动

虽然相信一切皆有可能至关重要，但仅仅拥有这种信念还远远不够。可能性必须与计划、策略和循序渐进的步骤相结合，才能将愿景转化为现实。未经准备就采取行动，往往会导致资源浪费、不必要的风险，甚至失败。

试想这样一个大胆的问题：是否有可能创建一家可以超越谷歌的公司？答案是肯定的——一切皆有可能。但这是否意味着你应该立即开始创建一家以击败全球最大科技公司为目标的公司？当然不是。成功不仅需要雄心，还需要一个流程。

将"一切皆有可能"的心态与三次创造结合

要将"一切皆有可能"的心态转化为可实现的成果，必须遵循一个结构化的方法，例如三次创造：

1. **Plan 规划：思维创造**
   从清晰地构想你的想法开始。你希望解决什么问题？成功是什么样子的？例如，在挑战谷歌之前，你可以识别一个其服务中存在不足的利基市场，或者构想一个改进搜索引擎的新方法。

2. Reconfirm 再确认：验证

在做出重大投入之前测试你的想法。验证你的概念是否能引起潜在客户的共鸣，或解决实际问题。也许你可以先开发一个在隐私或个性化领域表现卓越的搜索工具原型，并收集反馈。

3. Ignite 点火：实际执行

只有在验证并根据真实反馈优化你的想法后，才能采取更大的步骤来构建和扩展你的愿景。在这个阶段，你不是在追逐一个不可能的梦想，而是在执行一个深思熟虑的计划。

平衡的心态

"一切皆有可能"的心态是起点，而不是终点。它激励你敢于梦想，突破传统限制。但真正的成功在于将这种心态与纪律性的行动、缜密的规划和愿意遵循流程的态度结合起来。

可能性并不意味着盲目前行，而是迈出正确方向的第一步，积累势能，为可持续增长奠定基础。通过遵循三次创造的方法，你可以确保你的行动与愿景同样强大，将"不可能"转化为"可能"。

第2章：你卖的到底是什么？

任何企业的核心在于它向世界提供的价值。不论是产品、服务还是解决方案，企业的成功取决于它提供价值的能力。本章深入探讨这一关键概念：确定和完善你将销售的内容。这不仅关乎"是什么"，还关乎其背后的"为什么"和"如何"。

每位创业者在创业初期都会面临这个基本问题。对我来说，这是一段在各种业务中学习的过程——从大学时期销售电脑零件，到管理搬家公司，再到进入货运行业，地产行业。每一段经历都教会我，你所销售的内容必须与市场产生共鸣，与自身能力相匹配，并具备可扩展性。

本章不仅仅是选择一款产品或服务，更是关于了解它在你的商业模式中的角色，识别它解决的问题，并确保它是真正为人们所需要的。同时，它还强调了在野心和实际操作之间取得平衡。你可以大胆设想，但你的产品或服务必须在资源允许范围内现实可行。

为什么这一章很重要

明确你将销售什么是商业战略的基石。这为从市场营销到运营，再到定价和扩展等一切工作定下方向。一个清晰且有吸引力的产品或服务不仅能增强你的信心，还能赢得客户、团队和利益相关者的信任。

以Airbnb为例，其创始人最初并未设想要创建一个全球性的短期租赁平台。相反，他们的初衷是解决一个具体的问题——帮助会议参与者找到价格合理的住宿。通过从一个明确且集中的产品出发，他们能够测试、优化并最终将其扩展成一家市值数十亿美元的企业。

本章内容

本章将帮助你：

1. 理解你正在解决的问题，以及你的产品或服务如何满足这些需求。

2. 定义你的业务核心——无论是产品、服务，还是两者的结合。

3. 探索产品或服务的潜力，包括利润来源、可扩展性和市场契合度。

4. 处理实际操作中的考虑事项，如执照、许可证以及特定行业的要求。

在本章中，我将分享我自己的经历以及一些知名公司和企业家的见解。无论你销售的是实物产品、数字服务，还是完全独特的东西，本章都将为你提供清晰和完善你的产品或服务的工具。

结论

明确你将销售什么不仅仅是选择一个产品或服务，而是创造出与你的愿景相符、能够解决真实问题并为市场带来价值的东西。在本章结束时，你将清楚地了解如何定义和定位你的产品或服务，使之成为你企业成功的基础。

问题是什么？你的解决方案又是什么？

每一个成功企业的核心都可以归结为一个简单的公式：**问题和解决方案**。顾客购买产品或服务的原因到底是什么？它解决了什么现实问题？

"没有人想要一把电钻，他们想要的是一个洞。"
-西奥多·莱维特（THEODORE LEVITT）

识别你的企业所要解决的问题，并设计一个能够打动受众的解决方案，是实现长期成功的基础。可能你的产品或服务并没有解决任何实际问题，顾客只是用来耍酷，或者装用的，那也是解决了顾客炫富或满足虚荣心的实际需求。

这个问题比看上去更复杂。如果能理解这层含义，你会重新思考所有商业的真正价值所在。比如名牌包包卖的是什么？普通饭店卖的是什么？高级饭店卖的是什么？出租车卖的又是什么？柯达胶卷卖的是什么？

出租车卖的其实是客户出行的方便解决方案，正因为如此，所以很快就被网约车取代了。柯达胶卷卖的是人们的美好回忆，所以很快就被数码相机甚至智能手机取代了。名牌包包卖的是富人的优越感，所以某些品牌宁可销毁库存也不会打折销售。

许多创业者，包括我自己，都从一个让自己充满激情的想法开始。但是，单靠热情是不够的。真正的问题是：你的想法是否能为你的目标市场解决一个有意义的问题？

当我创立我的货运公司时，我的目标不仅仅是将货物从A点运到B点，而是提供一种经济实惠、可靠的服务，以弥补物流市场的空白。发现这一市场空缺正是我们业务增长的关键。

从问题出发

在开发你的产品或服务之前，你需要清晰地了解它所解决的问题。可以通过以下问题来开始思考：

1. 谁是你的客户？

2. 他们面临哪些挑战或痛点？

3. 为什么这个问题之前没有被有效解决？

以Uber为例：问题非常明确——传统出租车服务不便，经常不可靠，且供应有限。客户需要一种更简单、更快捷的出行方式。通过解决这些痛点，Uber彻底颠覆了交通行业，并创造了一个简单且可扩展的解决方案。

对于搬家公司来说，问题类似：客户对不可靠的搬运公司感到沮丧，因为他们可能会损坏物品或者根本没有按时到达，或者干脆消失。通过专注于专业精神和客户服务，我将我的公司定位为一个值得信赖的替代选择，解决了市场中的一个常见问题。

定义你的解决方案

在识别问题后，下一步是设计一个脱颖而出的解决方案。你的解决方案应具备以下特点：

实用性：它能否在你现有的资源范围内现实地解决问题？

可扩展性：随着业务的增长，它能否继续有效运作？

可负担性：它的定价是否既能被目标客户接受，又能保证盈利？

独特性：是什么使你的解决方案区别于竞争对手，并成为客户的首选？

让我们以Spanx为例。其创始人萨拉·布莱克利（Sara Blakely）发现了一个简单的问题：女性希望有一种舒适且不会卷边的塑形衣。她的解决方案——创新的无缝塑形内衣——既实用又独特，并且设计上具有可扩展性。Spanx不仅填补了市场空白，还创造了一个全新的市场。

在我的货运业务中，我通过测试不断优化我的解决方案。我从小型货运开始，确保我的流程高效且可靠。随着经验的积累，我将解决方案扩展到服务更大的商业客户。这种迭代方法让我在有效解决问题的同时，始终保持在可控的资源范围内。

匹配问题与解决方案

问题与解决方案之间的契合至关重要。如果两者不匹配，比如为一个简单问题设计一个复杂产品，或为一个小众问题提供过度工程化的解决方案，都可能导致失败。始终通过你的目标市场验证解决方案，以确保它能引起共鸣。

例如，Dropbox解决了一个普遍的问题：人们需要一种简单的方法在任何地方访问文件。他们的初始产品非常直观——提供云存储和轻松同步。其解决方案的简单性正是它的优势，与用户面临的问题完美契合。

结论

了解你要解决的问题并设计正确的解决方案，不仅仅是创业的起点，更是你业务的基石。专注于深入了解客户的痛点，并打造一个实用、可扩展且独特的解决方案。当你的企业成为解决紧迫问题的答案时，成功将随之而来。

你在卖什么，产品还是服务？

每个企业都从核心产品或服务开始，这是你向客户提供价值的基础。然而，在当今的创业环境中，产品与服务之间的界限越来越模糊。一件产品可以被包装为一种服务，而一项服务也可以被转化为产品。理解这种灵活性不仅能拓宽你的商业机会，还能为你探索创新的市场接触方式和客户服务手段提供可能性。

模糊的界限：产品作为服务

创新的一个方式是将产品包装为持续的服务。这种方法可以创造稳定的收入来源，并加强客户的忠诚度。

例如，咖啡店通常是按杯卖咖啡，但如果改为出售会员服务呢？通过会员模式，客户可以支付月费，享受不限量的咖啡供应，将以产品为主的业务转变为以服务为核心。不仅能鼓励客户频繁光顾，还能为商家带来可预测的收入。

另一个例子是订阅盒服务。像Dollar Shave Club（剃须俱乐部）和Blue Apron（蓝围裙）这样的公司，将传统的产品——剃须刀和食材——转变为订阅服务。客户会定期收到精选的产品配送，这种模式不仅提升了便利性，还提供了独特的价值主张。

将服务转化为产品

服务也可以被重新包装为有形的产品，从而扩大其可达性和可扩展性。例如，一家咨询公司通常提供一对一的建议，但通过撰写书籍、制作培训视频或提供在线课程，他们可以将专业知识转化为产品，以较少的额外努力触及更广泛的受众。

以著名的励志演说家托尼·罗宾斯（Tony Robbins）为例。他不仅提供现场活动和个人教练服务，还通过书籍、视频课程和音频节目分享他的知识。通过将服务转化为产品，罗宾斯将他的影响力延伸到数百万可能永远无法亲自参加活动的人群。

订阅模式：产品与服务的结合

另一个创新方法是通过订阅模式结合产品与服务。这允许企业在定期付款形式下同时提供有形商品和附加服务。例如：

1. 一家美容公司可以提供护肤品，同时附赠皮肤科医生的个性化建议。

2. 一个健身品牌可以出售运动设备，并附带提供每日锻炼计划的应用程序。

这些模式不仅能多样化收入来源，还能与客户建立长期关系。

什么最适合你的业务？

在产品和服务之间进行选择，或结合两者，这取决于你的市场、资源和商业目标。在考虑选项时，思考以下问题：

1. **客户需求**：你的客户更看重便利性、专业性还是产品的拥有权？

2. **可扩展性**：你的产品或服务是否能随着业务的发展而增长？

3. **收入潜力**：什么样的定价形式最适合你的目标客户？

展望未来

关于产品和服务的讨论只是开始。在后面的内容中，我们将探索更多商业模式，展示如何有效地构建和实现盈利策略。从会员制到市场平台，这些模型将为你提供实用的见解，帮助你扩展和优化你的业务方法。

总结

无论你是在销售产品、服务，还是两者的结合，关键在于为客户创造价值。通过创造性地思考并利用创新的包装策略，你可以将核心产品或服务转化为市场中脱颖而出的独特存在。记住，产品和服务之间的界限是灵活的——充分利用这一点，让它成为你的优势。

你的利润来自哪里？

利润是任何企业的生命线，但它并不总是来自你预期的地方。一家企业的收入来源和利润驱动因素往往存在显著差异，而理解这一点对于长期成功至关重要。清楚你的利润来自哪里，能让你战略性地分配资源，并作出提升盈利能力的决策。

超越表面：隐藏的利润驱动因素

许多企业的收入来自一个来源，但利润却依赖于另一个。以打印机行业为例。打印机本身通常以接近成本价出售，而真正的利润来自于墨盒。这种模式确保了客户会反复购买消耗品，从而形成稳定而有利可图的收入来源。

类似地，麦当劳的主要利润并非依赖于咖啡或冰淇淋。虽然这些产品为菜单增添了吸引力，但真正的利润来自于汉堡和套餐。这些高利润率的产品旨在以低成本实现最大收益。

Costco 的会员制模式

Costco 是理解利润驱动因素的经典案例。尽管它的热狗和其他商品几乎以微薄利润甚至亏损出售，但公司的真正利润来源是其会员费。通过提供无与伦比的优惠，Costco 吸引了忠实的顾客，这些顾客年复一年地续费，确保了稳定且可预测的利润流。

这种方法强调了超越单笔交易，关注整体大局的重要性。从表面上看似乎是低利润的业务，在有补充收入来源的支持下，实际上可能非常赚钱。

发现你的利润驱动因素

要找出你的利润来源，可以从分析你的商业模式和客户行为开始：

1. **主要收入与次要收入**：判断你的主要产品或服务是否是真正的利润驱动因素，还是次要商品或服务对利润的贡献更大。

2. **客户终身价值**：不仅要考虑即时销售，还要考虑每位客户的长期价值。是否有机会推动重复购买或追加销售？

3. **成本形式**：评估每种产品或服务的利润率。高销量、低利润率的商品可以通过与高利润率产品的结合支持整体盈利。

非传统利润模式的例子

剃刀与刀片模式：类似于打印机与墨盒，剃须刀公司如吉列以低价销售剃须刀，而从替换刀片中赚取高额利润。

免费增值模式：Spotify 和 Dropbox 等公司提供免费的服务版本，但其利润来自于将用户转化为付费的高级用户。

生态系统锁定：苹果公司通过硬件产生大量收入，但其应用程序、配件和订阅服务生态系统是驱动长期盈利的重要因素。

结论

了解你的利润来源是建立可持续业务的关键。有时，那些看似是你主要收入来源的产品或服务，实际上是在支持另一个更有利可图的部分。通过识别并专注于你的真实利润驱动因素，你可以优化策略，最大化收益，并确保企业的长期成功。

你的商业模式是什么？

商业模式是企业创建、传递和获取价值的蓝图。它不仅定义了如何产生收入，还决定了如何维持盈利能力并为客户提供价值。尽管许多企业家熟悉销售产品或服务的基本模式，但还有许多创新选项值得探索。

以下是传统模式与现代战略相结合的扩展列表。通过了解这些模式，你可以清晰地认识自己的商业运作方式，并发现优化或多样化收入来源的机会。

1. 订阅模式

描述：客户支付定期费用以使用产品或服务。
示例：Netflix、Spotify、Adobe Creative Cloud。
优势：可预测的收入流和较高的客户留存率。
注意事项：你如何提供持续价值以保持订阅者的参与？

2. 免费增值模式

描述：提供免费基础服务，收取高级功能费用，或相关产品服务费用。
示例：Dropbox、Zoom、LinkedIn。
优势：吸引大量用户基础，并将部分用户转化为付费客户。
注意事项：哪些高级功能能够吸引免费用户升级？

3. 剃刀与刀片模式

描述：以低价（甚至免费）销售主要产品，以推动高利润附加产品的销售。
示例：吉列（剃须刀与刀片）、惠普（打印机与墨盒）。
优势：创造长期的客户依赖性。
注意事项：哪些附加产品可以产生持续收入？

4. 特许经营模式

描述：企业将品牌和运营授权给加盟商。

示例：麦当劳、赛百味、Dunkin' Donuts。

优势：以较低的资本投资实现快速扩张。

注意事项：你的业务是否能够在保证质量的前提下复制？

5. 许可授权模式

描述：允许其他企业使用你的知识产权，并收取费用或版税。

示例：微软（软件许可）、迪士尼（商品授权）。

优势：以最少的额外努力产生经常性收入。

注意事项：你的知识产权是否有价值且具备可扩展性？

6. 平台模式

描述：连接买家和卖家，通过交易费用、佣金或订阅获利。

示例：亚马逊、Etsy、Airbnb。

优势：库存风险低，市场扩展性强。

注意事项：如何吸引并平衡供需双方？

7. 聚合模式

描述：将商品或服务整合到一个品牌下，直接连接提供者和客户。

示例：Uber、Zomato、TripAdvisor。

优势：简化用户体验并有效扩展。

注意事项：如何维护供应商之间的质量和一致性？

8. 直接面向消费者模式（DTC）

描述：直接向消费者销售产品，绕过中间商。

示例：Warby Parker、Allbirds、Glossier。

优势：对品牌、定价和客户关系有更大的控制权。

注意事项：如何与受众建立直接联系？

9. 按需付费模式

描述：客户只为实际使用的部分付费，如计量服务。
示例：AWS（云计算）、电力供应商。
优势：通过消除前期成本吸引注重成本的客户。
注意事项：如何在不复杂化计费的情况下扩展定价？

10. 联盟营销模式

描述：通过推广第三方产品赚取销售佣金。
示例：亚马逊联盟、博主、影响者。
优势：开销小且可扩展。
注意事项：如何与受众建立信任以推动转化？

11. 数据变现模式

描述：通过收集并出售数据或利用数据改进其他服务来获利。
示例：谷歌、Facebook。
优势：利用用户生成的数据创造额外的价值流。
注意事项：你在数据使用方面是否透明且符合道德？

12. 产品即服务模式

描述：客户为使用产品而非拥有产品支付费用。
示例：Zipcar、Rent the Runway。
优势：降低客户进入门槛并创造经常性收入。
注意事项：你能否确保无缝访问和维护？

13. 众包模式

描述：吸引大量人群贡献资源、内容或资金。
示例：Kickstarter、维基百科。

优势：以低成本实现创新或融资。
注意事项：你如何激励并管理贡献者？

14. 广告支持模式

描述：提供免费或低成本产品/服务，同时通过广告创收。
示例：谷歌搜索、YouTube、免费移动应用。
优势：有效变现大规模用户群。
注意事项：如何在用户体验与广告收入之间找到平衡？

15. 生态系统模式

描述：创建一个互联产品或服务的网络，将客户锁定在生态系统中。
示例：苹果（硬件 + App Store）、亚马逊（Prime + Marketplace）。
优势：提高客户忠诚度和生命周期价值。
注意事项：你能否无缝整合多个产品和服务？

找到适合你的模式

1. 评估产品/服务和客户需求。

2. 考虑如何持续提供价值。

3. 将收入来源与愿景和能力对齐。

结论

选择正确的商业模式需要了解你的优势、客户需求和市场动态。无论你采用传统模式还是创新的混合模式，关键在于确保它与目标一致，并能随着业务的发展不断调整优化。希望这些模式能启发你定义和完善自己通往盈利的道路。

你需要执照或许可证才能销售吗？

创业令人兴奋，但在合法运营之前，确保拥有合适的执照和许可证是至关重要的。这些要求因行业、地点和你所提供的产品或服务的类型而异。如果未能获得必要的许可，可能会导致罚款、业务关闭，甚至法律诉讼。因此，在创业初期就解决这些问题是非常重要的。

了解营业执照和许可证的区别

营业执照是授予你合法经营业务的权利，而许可证允许你从事特定的商业活动。根据你销售的内容，你可能需要其中之一或两者兼有。以下是一些关键因素需要考虑：

营业地点：地方政府通常要求企业获得一般经营执照，即使是家庭办公的企业也不例外。

行业要求：某些行业（如食品、运输和医疗）受高度监管，需要特定的认证或许可证。

产品特定规则：销售酒精、枪支或危险材料通常涉及更严格的许可程序。

例如，开设咖啡店通常需要营业执照、健康许可证以及可能的食品处理证书。而开设一家在线销售手工制品的商店，根据所在地的要求，可能只需普通的营业执照。

如何确定你的要求

以下是确定你需要哪些执照和许可证的步骤：

研究当地法规：向你的区，城市、县/郡，和州/省，当局查询。许多政府网站为小型企业提供了有关许可要求的资源。

了解行业标准：一些行业（如金融或建筑）有国家或州/省级的许可委员会。

咨询专业人士：律师或商业顾问可以帮助你确保符合所有法律要求。

以亚马逊为例。当杰夫·贝索斯创办公司作为在线书商时，他确保遵守了电子商务法规，包括销售税收集和知识产权法。这种基础工作让亚马逊得以在没有监管阻碍的情况下扩展。

常见的执照和许可证

虽然要求因地而异，但以下是一些常见的执照和许可证类型：

一般营业执照：大多数城市或县要求企业拥有的执照。

健康与安全许可证：食品相关企业必须遵守卫生标准。

销售税许可证：允许你对商品或服务收取销售税。

专业执照：法律、会计和房地产等领域的从业者需要的执照。

标识许可证：用于在公共场所展示标识或横幅的企业。

没有适当执照的后果

如果没有获得必要的执照或许可证，可能会导致以下后果：

罚款和处罚：地方当局可能会因违规行为施加经济处罚。

关闭业务：你的企业可能会被暂时或永久关闭。

法律诉讼：在严重情况下，你可能面临诉讼或刑事指控。

想象一下，一家餐馆在没有健康许可证的情况下开业。即使食物非常美味，执法部门也可能立即关闭它，导致财务损失和声誉受损。

这一类的问题的严重性有可能超出你的想象，比如你帮别人出租房屋收取了一定的报酬，在某些地方，如果没有牌照，你可能已经触犯了很严重的法律，从而导致非常严厉的处罚。

千万不要想当然，不要"我以为"不需要。做足调研工作，最容易陷入的误区就是，不知道自己不知道，从而做出了错误的判断。打破自己认知障碍的最好方法就是咨询专业人士，有经验的从业者。

结论

执照和许可证可能不是创业中激动人心的部分，但它们却是最重要的环节之一。从一开始就确保合规，可以保护你的企业免受法律风险，并为顺利运营奠定基础。花时间研究并获得必要的许可，这是一项小的投资，却能为你避免巨大的麻烦。

第3章：谁在买单？了解你的市场

每个企业的存在都是为了服务客户。无论你的产品或服务多么创新，它的成功都取决于你是否能够识别、理解并与真正需要它的人建立联系。本章将探讨一个核心问题：谁是你的客户？

当我创办搬家公司时，我曾以为我的客户就是"任何需要搬家的人"。但随着时间推移，我逐渐意识到将这个宽泛的受众细分为具体群体的重要性——比如在市内搬家的家庭，或者预算紧张的学生。这种聚焦让我能够更好地定制服务，提升营销效果，并与客户建立更紧密的关系。

本章不仅是为了帮助你识别目标受众，还在于深刻理解他们的行为、需求和动机。通过深入了解你的客户，你可以提供更好的解决方案，更有效地沟通，并最终建立一批忠实的客户群。

为什么这一章很重要

许多初创企业失败的原因之一是他们没有充分了解客户。他们开发的产品或服务未必能够解决客户的实际问题，也未必能满足真实需求。了解你的客户是创造价值的第一步，这将影响从产品开发到营销和销售策略的方方面面。

以 Airbnb 为例。他们的创始人最初将目标锁定在参加会议的参会者，这些人通常需要经济实惠的住宿。他们通过专注于这一小众市场，打下了坚实的基础，从而得以后来向更广泛的受众扩展。他们的成功源于起初对服务对象的精准了解。

本章内容

在本章中，我们将探讨以下内容：

识别你的客户：如何定义并细化你的目标受众。

了解竞争对手：分析竞争对手为什么能帮助你更好地理解客户。

客户的动机：是什么驱使客户选择你的业务而不是其他？

找到你的客户：通过哪些渠道和策略与目标受众建立联系？

我们还将分享可操作的策略，比如通过调查、访谈和数据分析收集客户洞察。到本章末，你将清楚地了解谁是你的理想客户，以及如何有效地触达他们。

总结

客户是企业的生命线。识别并理解他们不仅是一项任务，它是你未来一切工作的基础。本章将为你提供工具，帮助你定义受众，理解他们的需求，并将你的业务定位为完美的解决方案。请记住，了解客户并不是一次性的任务，而是一个会随着你的业务增长而不断发展的持续过程

理解你的理想客户

每一个成功的企业都建立在对客户深刻理解的基础上。了解你的客户不仅仅是知道谁可能购买你的产品或服务，而是要明白他们的需求、行为和动机。如果缺乏这种清晰度，即使是最具创新性的想法也可能无法成功。

以星巴克为例。最初，星巴克的目标并不仅仅是吸引喝咖啡的人，而是提供一种特定的体验。他们的理想客户是那些重视高品质咖啡体验的人——一个可以坐下来放松或工作的地方，同

时享受他们的饮品。正是这种对客户需求的理解，使星巴克能够设计出符合客户期望的店铺和产品，与专注于卖咖啡的竞争对手形成鲜明对比。

定义你的客户

要识别你的客户，可以从以下问题入手：

谁能获得最大的价值？ 哪一类人群能从你的产品或服务中获得最大收益？

他们需要什么？ 他们面临什么问题，而你的产品或服务又是如何解决这些问题的？

他们在哪里？ 你的客户居住、工作或常出没的地方在哪里？你如何能够触达他们？

例如，耐克不仅仅是在卖运动服饰——他们卖的是灵感和卓越表现。耐克的客户不仅是运动员，而是所有认同"追求卓越"理念的人。通过锁定这种思维模式，耐克既吸引了广泛的受众，同时又保持了强烈的品牌认同感。

理解你的核心客户群体

你的客户通常并不是一个单一的、同质化的群体。他们往往分属于不同的细分市场，每个细分市场都有独特的需求和偏好。了解这些群体有助于你制定针对性的策略。

苹果（Apple）： 苹果的核心客户包括追求尖端创新的科技爱好者和需要可靠工具的专业人士。通过服务这些细分市场，苹果定位为一个吸引多样化但具体目标受众的高端品牌。

亚马逊（Amazon）： 亚马逊最初的目标客户是书籍购买者。随着时间推移，他们扩大了服务范围，覆盖包括普通消费者、使用 AWS 的企业以及其市场上的卖家。这种细分策略帮助亚马逊在扩大规模的同时始终保持与每个受众群体的相关性。

不同类型的客户

你的业务可能服务于多个客户类型。常见类别包括：

终端消费者： 直接使用你的产品或服务的人，比如使用搬家服务的家庭。

企业客户： 购买你的产品或服务以支持其运营的公司，例如需要办公室搬迁的企业。

中间商： 转售或推广你的产品的分销商或合作伙伴。

如何了解你的客户

要深入了解你的客户，仅靠假设是不够的，你需要真实的数据和洞察。以下是几种方法：

客户反馈： 通过调查、评价或焦点小组直接与客户互动。这可以为你提供第一手关于客户需求的洞察。

竞争对手分析： 研究你的竞争对手针对的是谁以及他们如何与受众互动。这有助于你发现市场中的空白或机会。

数据分析： 使用工具分析客户行为。例如，跟踪网站访问、购买模式或社交媒体互动可以揭示有价值的趋势。

以 Netflix 为例，他们通过数据分析更好地了解客户。通过分析观看习惯，Netflix 不仅知道观众喜欢什么，还能预测他们下一步的需求，从而推荐内容并制作贴合客户偏好的原创节目。

为什么这很重要

了解客户至关重要，原因如下：

1. 帮助你创造真正满足客户需求的产品或服务。

2. 使你能够设计出打动客户需求和痛点的营销信息。

3. 通过表现出对客户的理解和关怀，建立忠诚度。

如果对客户缺乏清晰的理解，你可能会在无效的策略上浪费资源。柯达未能适应数码摄影革命就是一个警示案例。尽管客户正在向数码产品转型，柯达却依然坚持其胶卷产品，最终导致衰退。

总结

客户是你业务的基石。识别他们是谁并理解他们的需求和动机不是一次性的任务，而是一个持续发展的过程。像星巴克、耐克和 Netflix 这样的知名公司能够成功，是因为它们不断完善对受众的理解。通过效仿它们的做法，你可以将你的业务定位为满足客户需求的最佳解决方案，从而建立忠诚度并实现可持续增长。

你的竞争对手：他们是谁？为什么重要？

竞争是经营企业中不可避免的一部分。无论是推出新产品、开设服务型公司，还是进入一个细分市场，很可能已经有人在做类似的事情。了解竞争对手并不是为了复制他们的策略或害怕他们的存在，而是为了从中学习、找到自己的独特优势，并在市场中脱颖而出。

当我创办搬家公司时，很快意识到，我并不是唯一一家提供搬家服务的企业。市场上有许多老牌公司占据主导地位，而小型企业则不断争夺客户。我并没有把这视为劣势，而是将其作为研究对手优劣势和市场空白的机会，这让我能够打造一项以专业性和客户服务为特色的差异化服务。

为什么竞争对手重要？

竞争不仅仅是一个挑战——它还是一种资源。竞争对手可以：

验证市场需求： 他们的存在证明了你所提供的产品或服务有市场需求。

揭示市场机会： 通过研究他们的不足或忽略的领域，你可以发现可以填补的空白。

推动创新： 良性的竞争能激励企业改进产品、优化客户体验。

想想可口可乐和百事可乐。这两大巨头多年来一直在竞争，但他们的竞争促使两家公司不断创新、拓展新市场，并完善品牌战略。如果没有竞争，他们可能无法像今天这样具有创造力和影响力。

竞争对手的类型

你的竞争对手可能属于以下几种类型：

1. **直接竞争对手：** 提供与你相同产品或服务的企业。例如，麦当劳与汉堡王都瞄准快餐消费者。

2. **间接竞争对手：** 提供不同产品或服务，但满足相同客户需求的企业。例如，Netflix 间接与传统有线电视提供商竞争。

3. **潜在竞争对手：** 可能进入市场并扰乱行业的企业。比如 Airbnb 进入住宿市场后，成为传统酒店的竞争对手。

了解这些类型有助于评估谁是真正的竞争对手，以及他们可能如何影响你的业务。

如何分析竞争对手

研究竞争对手能提供宝贵的见解，帮助你了解哪些策略有效、哪些不足，以及你的机会在哪里。以下是一些方法：

识别竞争对手： 使用在线工具、本地目录或行业报告，找到与你领域相关的竞争对手。

研究他们的产品或服务： 他们在卖什么？定价模式是什么？他们在市场中的定位如何？

了解他们的优势： 他们做得好的地方是什么？这可能包括品牌影响力、客户服务或产品质量。

找出他们的弱点： 他们缺少什么或做得不够好的地方？这些空白可以成为你脱颖而出的机会。

例如，当我创办货运公司时，我发现许多竞争对手只专注于国内路线或者国际服务的商务客人。通过提供可靠的国际货运解决方案，最开始尤其是针对私人物品的国际货运，我成功开辟了一个细分市场，吸引了需要全球物流服务的客户。

差异化：让自己与众不同

分析竞争对手之后，下一步是确定你的企业与众不同的地方。以下是一些可能的差异化策略：

卓越的质量： 提供比竞争对手更优质的产品或服务。

更高的性价比： 为客户提供更高的价值。

独特的功能： 增加竞争对手没有的特色优势。

优质的服务： 提供令人难忘的客户体验。

苹果是差异化的典范。虽然许多公司生产智能手机，但苹果凭借其简约设计、直观的用户界面以及互联设备和服务的生态系统脱颖而出。这种差异化使苹果在激烈的竞争中成为市场领导者。

总结

竞争对手不是敌人——他们是你的动力和老师。通过仔细研究他们并确定自己的独特定位，即使在竞争激烈的市场中，你也能蓬勃发展。无论你的对手是本地小企业还是行业巨头，关键在于专注于自己的优势，并始终为客户提供价值。记住，竞争推动创新，而拥抱竞争只会让你的业务更强大。

为什么他们会愿意付钱给你？

理解客户为什么愿意为你的产品或服务买单，是经营成功企业最关键的因素之一。答案不仅仅在于你提供了什么，而在于你带来的价值。人们并不是为产品或服务本身付钱，而是为解决方案、体验和结果付钱。找出客户选择你的驱动力，而不是竞争对手的理由，是打造具有吸引力的价值主张并确保业务成功的关键。

当我创办搬家公司时，我意识到，客户并不仅仅是为卡车和劳动力买单，他们更是为安心、可靠，以及他们物品能被妥善处理的保证买单。正是这种认知影响了我业务的方方面面，从员工培训到与客户的沟通方式。

客户支付的核心：价值

客户之所以愿意付钱，是因为他们认为获得的价值大于支付的价格。这种价值可以有多种形式，包括：

便利性： 为他们节省时间或精力。

成本节省： 提供更好的价格或帮助他们避免昂贵的错误。

质量： 提供优质的产品或服务。

信任： 提供可靠性、一致性或安全感。

体验： 营造愉悦、难忘或无缝的互动。

以亚马逊为例，客户为 Prime 会员支付费用，不仅仅是为了更快的配送服务，还为了便利、独家内容的访问，以及无缝购物体验的整体价值。亚马逊将多个利益捆绑在一起，让会员服务对许多客户而言变得不可或缺。

支付背后的心理

人们不会轻易掏钱支付。理解他们支付的心理原因可以帮助你优化业务策略：

问题解决： 如果你能解决一个痛点，客户会愿意付费。例如，星巴克的客户为咖啡支付溢价，不仅仅是为了饮品本身，还为了舒适的氛围和一致的体验。

愿望实现： 有时候，客户愿意支付是为了实现某个目标或符合某种形象。奢侈品牌如路易威登蓬勃发展的原因就在于客户希望表达地位或品味。

情感联系： 人们往往愿意从他们信任或有情感联系的企业购买。苹果忠诚的客户群愿意支付更高的价格，因为品牌在创新和质量方面的良好声誉。

为什么他们选择你？

客户选择你的原因，而不是竞争对手的，通常是因为你提供了独特的价值。这可能包括：

专业化：提供针对特定人群定制的服务，例如 Peloton 专注于自行车爱好者的健身生态系统。

创新：提供新颖或更好的东西，例如特斯拉通过电动车颠覆了汽车市场。

客户体验：打造无缝且令人愉悦的体验，例如迪士尼为游客创造的魔幻世界。

如何确保客户会愿意支付？

为了持续吸引付费客户，专注于以下几个方面：

理解客户需求：通过调查、收集反馈和行为分析，了解客户真正重视的是什么。

传递价值：明确说明你的产品或服务为什么值得这个价格。突出利益，而不仅仅是功能。

兑现承诺：确保客户体验符合他们的期望。未能兑现承诺会损害信任，甚至导致客户流失。

Netflix 是一个很好的例子。用户为其支付费用是因为它提供便利、多样的娱乐选择以及无广告的体验。通过不断增加新内容并提升可用性，Netflix 确保了用户始终觉得服务物有所值。

总结

客户之所以愿意为你的业务买单，是因为他们相信你提供的价值满足甚至超出了他们的期望。通过理解客户支付背后的原因，你可以优化产品或服务，提升客户满意度，并建立忠诚度。记住，客户支付的并不仅仅是你销售的东西，而是它为他们带来的作用、感受以及解决的问题。专注于提供价值，收入自然会随之而来。

第4章：团队成就梦想：打造你的团队

没有合适的人才支持，任何企业都无法蓬勃发展。尽管企业家的愿景和决心至关重要，但正是团队将想法变为现实，克服挑战并推动增长。本章将探讨一个关键问题：谁会成为你团队的一员？

组建团队不仅仅是雇佣员工，而是建立一个为企业成功贡献力量的网络。这包括联合创始人、员工、分包商、顾问，甚至是帮助你执行愿景的合作伙伴。目标不仅是聚集一群人，而是汇集具有正确技能、态度和承诺的个体，共同推动企业发展。

当我创办搬家公司时，我很快意识到，与我一起工作的人的选择至关重要。最初，我只雇佣那些方便且便宜的人，而不是关注他们的专业技能。然而，随着业务的增长，我意识到拥有稳定，可靠、技术熟练的团队成员对于提供优质服务和维护公司声誉至关重要。这一认知改变了我在后续创业中组建团队的方式。

为什么组建合适的团队至关重要

团队是企业的支柱。他们负责执行你的愿景，与客户互动，并确保运营顺畅。强大的团队能够提升企业的整体水平，而错误的团队则可能导致昂贵的失误、效率低下，甚至导致失败。

以苹果公司为例。尽管史蒂夫·乔布斯是公司的代言人，但正是他的团队的集体才华——例如史蒂夫·沃兹尼亚克和蒂姆·库克——将苹果打造成了今天的全球巨头。组建团队并不是找到听命行事的人，而是汇聚能够为公司带来独特优势和视角的人才。

本章内容概述

在本章中，我们将探讨以下内容：

明确你的业务架构： 理解运营企业所需的角色和职责。

识别关键角色： 你需要谁加入你的团队，以及他们的重要性。

吸引和留住人才： 寻找合适人选并保持他们动力的策略。

建立牢固的关系： 在团队成员之间培养协作和信任。

我们还将分析创业者在组建团队时常见的挑战，例如过快招聘、缺乏授权或难以平衡成本和质量。这些经验教训将帮助你避免常见问题，并创建与目标一致的团队。

结论

你的团队不仅仅是个体的集合——它是推动你业务发展的动力。打造一支优秀的团队需要细致的规划、战略性的招聘以及致力于营造积极和高效的工作环境。在本章中，我们将指导你如何识别、吸引并培养那些将对你的业务成功起关键作用的人才。

企业的组织形式决定团队的构建方式

您企业的组织形式，或叫组织结构，或叫企业形式，也有人叫企业结构，我们这里统一称呼为组织形式。组织形式不仅决定了您的法律或财务义务，还会影响团队的组成、运作方式和责任划分。您选择的形式为决策流程、权限分配以及所有权和角色的划分奠定了基础。从个体经营到公司制，每种形式都会创造独特的团队动态，从而影响企业的运营和发展。

形式与团队的关系

组织形式决定了团队成员的来源及其角色职责。例如，在合伙企业中，合伙人通常是团队的重要组成部分，积极参与企业的日常运营。而在公司制形式下，股东可以选择参与企业运营或作为被动投资者，让专业管理团队负责运营。

当我将搬家公司从个体经营转变为公司制时，这一变化显著地影响了团队动态。公司化意味着需要正式化运营、更清晰地定义角色，并平衡不同程度参与的股东利益。这一转变突显了将形式与团队目标和职能对齐的重要性，也为后来引入其他的股东创造了条件。

不同形式如何影响团队

组织形式的选择会直接影响您组建团队的方式：

个体经营
在这一形式中，企业主通常是唯一的决策者和主要工作者，其他团队成员通常是雇佣的员工。这种模式最适合运营复杂性较低的小型企业。
示例：一名自由摄影师在特定项目中雇佣助理，作为个体经营者，其团队的参与通常是临时且任务导向的。

合伙企业
合伙企业由两人或更多人共同拥有并分担责任。每位合伙人通常带来独特的技能或资源，使合伙人构成核心团队。有效的沟通和明确的角色分工对于避免冲突至关重要。
示例：Ben & Jerry's 起初就是以合伙企业开始，两位创始人都积极参与企业运营。

公司制

公司制形式下的团队更加正式化，通常包括股东、董事会以及雇佣的高管或经理。股东可以选择参与企业运营，也可以采取放手的角色，将日常运营交给专业管理人员。

示例：苹果的形式包括参与企业运营的高管（如 Tim Cook）以及通过董事会决策影响公司方向的被动股东。

有限合伙企业（LP）或其他特定形式

在有限合伙企业中，普通合伙人负责管理企业，而有限合伙人仅投资资本且不参与运营。这种设置为团队组成提供了灵活性。

示例：房地产开发项目通常采用 LP 形式，由开发商担任普通合伙人，投资者作为有限合伙人。

形式对团队的影响

组织形式定义了以下几个方面：

角色和责任： 谁参与运营，谁不参与。

决策权限： 决策是由单一所有者、合伙人还是董事会负责。

薪酬与激励： 团队成员、股东或合伙人的贡献如何得到回报。

理解这些动态可以帮助您建立一个与企业目标一致的团队。

如何选择合适的形式

选择组织形式不仅是一个法律决定，更是一个战略决策。需要考虑的因素包括：

1. 团队的规模和范围。

2. 团队成员是否也将成为所有者。

3. 随着企业发展，角色和权限将如何演变。

花时间评估哪种形式最适合您的愿景和团队需求。与法律和财务顾问进行咨询可以提供清晰的指引，确保您选择的形式支持企业的长期目标。

结论

您的组织形式是团队运作和协作的基石。它影响从招聘到决策的方方面面，因此需要将形式与团队需求及企业目标保持一致。无论是个体经营、合伙企业还是公司制，理解形式与团队动态之间的联系对于构建支持可持续增长的基础至关重要。

超越个人：打造成功的团队

无论您多么有干劲或能力，建立一个成功的企业都不仅仅依靠个人的努力。除了您的愿景和勤奋工作外，是他人的专业知识和贡献将一个想法转变为一个蓬勃发展的企业。作为创始人，您是企业的基石，但您的业务只有在背后拥有合适的团队和支持网络时才能发挥其全部潜力。

识别您需要的人——并理解原因——不仅仅是组建一支核心员工团队。这还涉及到认识到外部专业人士、顾问和专家的价值，他们可以弥补您在某些领域的不足并将您的企业提升到新的水平。

法律专家：为增长保驾护航

从起草合同到确保遵守法规，商业法律环境可能非常复杂。一位熟练的律师是您的安全保障，可以保护您的企业免受昂贵错误和法律责任的侵害。

例如，在微软的早期阶段，比尔·盖茨非常依赖法律专家来为基础软件争取知识产权。如果没有这种前瞻性，微软可能会失去竞争优势。无论是建立业务实体、谈判合同还是解决知识产权问题，法律顾问都是保护和扩展企业不可或缺的角色。

财务专家：掌控数字

有效的财务管理对保持企业生存和实现长期成功至关重要。会计师和簿记员负责确保财务记录的准确性、准备税务申报并提供预算和盈利能力方面的见解。

以星巴克为例，其严格的财务管理帮助公司在经济低迷时期保持稳定并实现全球扩展。在财务专家的监控下，星巴克得以优化成本，保持稳定增长。对于小型企业来说，拥有一位经验丰富的会计师可能是成功和艰难生存之间的关键区别。

IT专家：保持系统运转

在当今的数字化世界中，技术是大多数企业不可或缺的一部分。IT专业人士确保您的系统安全、功能齐全且优化高效。从构建电子商务网站到保护客户数据，他们的贡献至关重要。

亚马逊的早期成功就是建立在强大的IT基础设施之上的，这使公司能够扩大运营并满足不断增长的客户需求。即使是小型企业，也能从IT专业知识中受益，比如设置支付系统或管理网络安全威胁。

顾问：战略决策的可信向导

顾问为企业带来了独特的价值。他们提供外部视角，帮助您应对战略决策并避免潜在的陷阱。无论是确定经理的薪资还是评估重大投资，顾问的指导都非常宝贵。

以霍华德·舒尔茨（Howard Schultz）和星巴克为例，经验丰富的顾问帮助他完善愿景并制定扩展策略。顾问带来了经验和客观性，提出关键问题并确保决策基于合理性而非情绪。

专业化角色：量身定制支持

无论您作为企业家有多么熟练或坚定，您的成功依赖于您引入业务中的人员。这不仅是员工或合作伙伴的问题——他们是确保您的业务顺利高效运营的专家、顾问和专家。合适的团队可以填补知识空白，管理复杂性，并创建一个系统，使您的业务各个部分无缝协作。

每个企业都有独特的需求，组建合适的团队需要识别与您的行业、规模和愿景相一致的角色。在某些情况下，这些角色可能显而易见，例如为零售企业聘请市场经理。在其他情况下，一些专业或隐藏的角色（如餐馆的食品安全顾问或物流公司的供应链专家）对长期成功至关重要。认识到这些需求是组建推动业务向前发展的团队的第一步。

长期成功的团队构建

随着企业的成长，您可能需要不同的角色。一家小型咖啡店最初可能只需要一名咖啡师和一名收银员，但随着业务的扩大，诸如供应链经理或社交媒体策略师等角色将变得至关重要，以有效管理库存并与客户互动。类似地，一家初创公司可能从创始人和几位开发者开始，但最终需要一位专职的人力资源专业人士来处理招聘和员工关系。

关键在于定期评估您的运营情况，以发现瓶颈或低效率现象。随着流程的复杂化，可能需要更多角色来确保顺利运营。这种动态的团队建设方法允许您的企业随着规模的扩大进行调整和发展。

结论

成功不仅仅是个人的努力成果。您的团队——无论是内部的还是外部的——推动您的业务向前发展。从法律和财务专家到IT专家和可信顾问，这些人弥补了您的知识不足，并为成功提供了工具。通过识别您需要的人员及其原因，您可以创建一个支持网络，在业务的每个阶段都能增强其力量。

保持团队积极性

任何企业的成功都依赖于为其工作的团队成员——包括股东、合伙人，员工以及独立专业人士。他们的奉献和投入源于企业对他们的贡献、需求和期望的公平与周到的对待。人们希望感受到自己的工作被认可，并且他们是某项有意义事业的一部分。要实现这一点，需要针对他们在企业中的不同角色，采取平衡且公平的方式。

股东及合伙人在企业中的角色

积极参与企业运作的股东及合伙人不仅仅是资金的投资者；他们还为企业的发展贡献了时间、技能和努力。然而，如果他们的付出得不到适当的认可——无论是通过薪酬、分红，还是其他激励手段——可能会导致不满。例如，如果参与工作的股东或合伙人仅仅依赖分红作为回报，而利润较低时分红不足以体现他们的贡献，就可能削弱他们的积极性和承诺。

一个公平的解决方案是为那些参与运营的股东及合伙人提供合理的岗位薪资，并辅以与股权挂钩的分红。这确保了他们的努力无论在短期盈利水平如何，都能得到回报。例如，当拉里·佩奇（Larry Page）和谢尔盖·布林（Sergey Brin）从谷歌的创始人转变为活跃的管理者时，他们既作为公司领导者获得薪酬，也作为股东享有分红。从一开始就明确薪酬和角色的协议，对于避免冲突并在活跃和非活跃股东之间保持和谐至关重要。

激励普通员工

对于员工来说，薪酬是重要的，但并不是唯一的驱动力，还可以使用期权，奖金，福利等其他额外的方法来激励员工。他们还希望感受到被重视、得到支持，并且是更大目标的一部分。提供符合市场标准的公平薪酬是基本要求。此外，创造职业发展的机会，提供清晰的职业路径，并认可个人贡献，这些都能培养忠诚的员工队伍。

例如，Netflix 和西南航空在员工激励方面有独到之处。Netflix 提供具有竞争力的薪资，并赋予员工自主权，信任他们做出决策和创新。而西南航空更进一步，营造一种让员工感到自己是公司使命重要组成部分的文化。通过将员工视为重要的利益相关者，这些企业赢得了员工的忠诚和投入，从而转化为卓越的绩效。

独立专业人士：按需付费模式

并非所有为企业贡献的人都需要成为全职员工或股东。独立专业人士，例如律师、会计师和 IT 顾问，通常以按需付费的方式提供灵活且具成本效益的服务。这种模式非常适合于您的企业在特定时期需要但日常并不需要的专业服务，例如法律合规、财务审计或 IT 系统升级。

例如，许多初创企业聘请自由 IT 专业人士来搭建和维护系统，这使他们能够控制成本而不牺牲质量。即使是大型公司也会依赖外部法律事务所处理专业案件，确保获得专业指导，同时保持灵活性。这种安排使企业能够获得高水平的专业服务，而无需承担全职雇佣的长期成本。

构建公平与价值的文化

要确保为企业工作的人都感受到被认可和积极性，公平必须贯穿您的管理方式。股东需要看到他们的时间和努力受到重视。员工应感到他们的贡献被认可，并有成长的机会。独立专业人士需要明确的角色定义，并且他们的专业知识受到尊重。

实现这种平衡需要周密的规划和透明的沟通。无论是通过结构化的薪酬、基于绩效的激励机制，还是与合同工的灵活安排，目标都是让回报与贡献相匹配。当人们感到自己的工作被认可且与企业的成功紧密相连时，他们更可能保持投入，并对企业充满关心。

结论

为什么人们愿意为您工作？为什么他们会关心您的企业？答案在于您如何对待他们。股东、员工和独立专业人士各有不同的动机和期望，用公平和周到的方式满足这些需求是保持他们积极性的关键。成功的企业不仅建立在伟大的想法之上，更依赖于那些将这些想法变为现实的人。通过营造一种相互尊重、认可和价值的环境，您可以打造一个与您一样投入企业成功的团队。

第5章：钱很重要：管理资本与现金流

资金是任何企业的生命线。它推动您的运营，支持您的增长，并在艰难时期确保您的生存。但管理资本和现金流不仅仅是拥有资金，更是关于如何明智地使用资金，如何战略性地吸引资金，以及如何有效地维持资金。本章将深入探讨这些至关重要的财务基础，为您提供评估、管理和优化企业财务健康的工具。

每位企业家都会面临一些关键的财务问题：您需要多少启动资金？资金从哪里来？如何确保现金持续流入，而不仅仅是流出？以及何时才能实现收支平衡？这些不仅仅是问题，更是决定您的企业是繁荣发展还是步履维艰的重要里程碑。

当我们谈论资本和现金流时，我们不仅在讨论表格上的数字。本章将探索您的财务背后的深层故事——如何切实估算需求，找到合适的资金来源，公平评估您的企业价值，以及如何应对保持生存的挑战。

为什么本章重要

许多初创企业的失败并非因为缺乏想法或努力，而是由于财务管理不善——他们低估了成本，高估了收入，或对现金流失去了掌控。本章将通过提供实用策略和可执行的见解，帮助您避免这些陷阱。

例如，亚马逊虽然在运营的早期多年处于亏损状态，但它深谙管理现金流的重要性，能够在盈利之前维持增长。他们的成功不仅仅在于收入，而在于战略性地管理资源以实现长期目标。

本章将为您提供的学习内容

本章将带您掌握每位企业家必须熟悉的关键财务概念：

1. 需要多少资本才足够？
   学会估算启动成本并制定切实可行的预算。

2. 资金从哪里来以及为什么会给你？
   探索资金来源的多种选择，并了解每种来源对您的期望。

3. 创业前，您的企业到底值多少钱？
   学习如何评估企业在产生收入前的估值，以及为什么这对投资者至关重要。

4. 收支平衡公式：何时开始盈利？
   计算何时收入能够覆盖成本，以及如何为这一里程碑制定计划。

5. 管理现金流：流入、流出与生存之道
   制定策略以保持现金流为正，同时应对意外挑战。

结论

资金至关重要，因为它影响着您在业务中做出的每一个决策。从确定所需的资本规模，到获得资金，再到确保现金流保持稳定，您的财务管理将决定您的成功轨迹。本章将为您提供知识和工具，以充满信心地应对这些挑战，帮助您为企业奠定坚实的财务基础。

创业需要多少钱？

确定启动和维持企业所需的资本，是每位创业者面临的最重要问题之一。如果估算错误，您可能很快就会耗尽资金，或者因不必要的开支而过度负担。关键在于找到平衡点——确定启动和发展企业所需的精确金额，同时避免资源过度分配。

当我创办搬家公司时，我并没有一个完美的成本估算公式。相反，我通过银行借款，和三张信用卡，凑了10,000美元买了一辆卡车。这种方式仅够我起步，同时也迫使我小心管理开支。随着时间的推移，我学会了一种更具策略性的方式来估算资本需求，从而避免了不必要的压力和财务风险。

估算您的启动成本

确定所需资本的第一步是了解启动业务所需的各项开支。启动成本可以大致分为以下两类：

1. **一次性费用**：包括设备、许可证、初始库存以及营销推广等启动开支。

2. **持续性费用**：包括租金、工资、水电费，和消耗品等日常运营开支。

以星巴克为例，当霍华德·舒尔茨设想将星巴克从一家本地咖啡店扩展为连锁品牌时，他精确计算了从门店建设到供应链管理的所有成本。他的周密规划确保了公司拥有稳步增长所需的资本。

留出资金缓冲

仅仅计算精确的成本还不够——您需要为意外开支预留缓冲资金。企业家常会遇到诸如法规变化、收入延迟或设备维修等意外情况。额外留出 20% 至 30% 的估算资本作为安全保障，往往能决定企业的生死存亡。

例如，亚马逊在建立其电商帝国的早期多年都处于亏损状态。其创始人预见到需要额外的资本来维持运营，直到收入增长足够稳定，从而确保公司不会因财务压力而崩溃。

验证您的估算

在估算资本需求后，通过小规模测试来验证您的计划。例如，如果您计划开一家餐厅，可以先计算举办快闪店或提供外卖服务的成本，以测试概念是否可行。这种方式可以帮助您优化估算，避免过度承诺资源。

您的独特需求

所需资本的金额因您的商业模式、行业和目标的不同而有很大差异。一家科技初创企业可能需要大量的前期研发投资，而一名自由咨询师则可能以极低的成本起步。关键是将您的计算量身定制，以适应具体的情况和目标。

确定资本需求的实用步骤

1. **列出所有成本**：将开支分为一次性费用和持续性费用。尽可能详尽，遗漏任何细节都会导致资金短缺。

2. **研究行业基准**：查看类似企业的案例，了解您所在行业的典型启动成本。

3. **加入资金缓冲**：为不可预见的开支预留额外资金，以确保财务灵活性。

4. **通过测试进行优化**：以小规模试运行您的商业想法，验证您的估算并根据需要调整。

结论

"需要多少资本才够？"这个问题不仅仅是数学问题，更是一个策略问题。通过了解成本、规划应急措施并验证估算，您可以自信地应对融资挑战。不论您是要开一家咖啡店、一家科技初创公司还是一家运输公司，原则是相同的：明智规划，保持灵活，为意外情况做好准备。适当的资本金额不仅仅是一个数字，更是建立可持续企业的第一步。

资金来源：钱从哪里来，为什么有人愿意给你投资？

筹集资金是启动或扩大业务最关键的步骤之一。挑战不仅在于找到资金，还在于找到适合您目标和业务阶段的正确资金类型。无论您需要的是启动资本、运营资金还是扩展资源，了解您的选项并展示一个令人信服的理由是成功的关键。

当我创办搬家公司时，我通过个人储蓄、银行贷款和信用卡凑齐了资金。虽然这种方式当时奏效了，但我很快意识到，不同的资金来源有着独特的期望和权衡。对于小型企业来说，这些方法或许足够，但对于高增长初创企业而言却未必合适。理解这些差异对于资金筹集的成功至关重要。

债务融资与股权融资

任何融资决策的核心都在于选择：**债务融资**还是**股权融资**。

债务融资：借款需要连本带息偿还，但您可以保留对公司的完全所有权。然而，偿还义务可能会对现金流造成压力。

股权融资：通过出售公司股份换取资金。这种方式可以分担风险，但也会稀释您的所有权。

以亚马逊为例。在早期，杰夫·贝索斯从他的父母那里获得了一笔 30 万美元的贷款，这是一种债务融资形式。而像 Uber 和 Airbnb 这样的初创公司则转向股权融资，吸引了风险资本来推动其快速增长。选择哪种方式取决于您的业务需求、风险承受能力和增长潜力。

探索您的融资选项

资金来源多种多样，每种都有其优点和挑战：

个人储蓄：许多企业家的第一笔资金来源。这表明了创业者的承诺，同时避免了外部义务。例如，Spanx 的创始人莎拉·布雷克利仅用 5000 美元的储蓄启动了公司，证明了自我投资的力量。然而，并非所有企业都能仅依赖个人资源。

亲友借款：这种方式提供了贷款和非正式投资的混合选择，通常附带有利的条款。但明确的协议对于避免误解至关重要。

传统银行贷款：仍然是小企业的常见选择，提供结构化的还款计划，但需要抵押品和良好的信用记录。

外部投资者：对于规模较大或高增长企业，天使投资人或风险资本家是关键角色。他们不仅提供资金，还带来经验、人脉和信誉。例如，Google 和 Facebook 在早期阶段吸引了风险资本，从而实现了快速扩展并获得战略性见解。

众筹平台：如 Kickstarter 或 Indiegogo，为筹资提供了现代化方式。通过直接吸引公众，企业可以同时验证需求和获得资金。例如，Pebble Technology 通过 Kickstarter 筹集了超过 1000 万美元，充分体现了这一方法的潜力。

说服投资者的艺术

成功获得资金不仅仅依赖财务预测——还需要让投资者对您的愿景和执行能力充满信心。投资者和贷款方希望看到您的业务为何会成功，以及他们的参与将带来什么回报。为了实现这一点，您需要：

1. **清晰的价值主张**：阐明您的产品或服务为何独特。

2. **证明市场需求**：展示市场上对您的产品或服务的真实需求。

3. **展示战略规划**：用详细的数据和计划支持您的愿景。

例如，霍华德·舒尔茨在扩展星巴克时，不只是谈论卖咖啡；他勾勒出了一个"第三空间"的概念——一个介于家和工作之间的场所，顾客可以享受高品质咖啡和温馨氛围。这一令人信服的叙述，加上详细的财务计划和强有力的市场研究，激发了投资者的信心，为将星巴克发展成全球品牌筹集到了所需资金。

选择与需求对齐的资金来源

选择合适的资金来源取决于您的业务阶段和目标。例如，一个小型零售店可能只需适度贷款，而一家科技初创企业可能需要数百万美元的风险资本。对于需求波动的业务，聘用按需付费的专业人士（如 IT 顾问或法律顾问）可以提供无长期承诺的成本效益解决方案。

结论

为您的企业融资不仅是关于数字，更是关于策略。您获得的资金及其来源将塑造公司未来。无论是个人储蓄、贷款、股权投资，还是创新的众筹选项，理解权衡并与您的目标对齐至关重要。记住，这不仅仅是钱从哪里来的问题，还关乎为什么有人相信您的愿景。通过展示清晰、令人信服的理由并明智选择，您为企业的可持续发展奠定了基础。

启动前你的企业价值是多少？

在你的企业赚到第一美元之前，它已经有一个价值——这就是"启动前估值"（pre-revenue valuation）。当你寻求股权融资时，这一估值尤为重要，因为它决定了你需要用多少股份来换取投资。理解这一阶段的企业价值不仅关乎数字，还关乎如何展示你的愿景、资产和潜力，从而让投资者相信你的企业值得投资。

启动前估值是一门结合了艺术与科学的学问。没有具体的收入时，估值的重点会转移到你的商业模式、市场潜力、知识产权以及背后团队等因素。当我为某个企业项目探索融资选项时，我意识到投资者不仅在评估我的创意，他们还在评估我将其变为盈利企业的执行能力和成功的可能性。

启动前估值的运作原理

启动前估值的核心在于根据企业未来的潜在表现估算其价值。这一估算成为与投资者谈判的基础，投资者根据估值决定愿意投入的资金和想要的股份比例。例如，如果一位投资者将你的企业估值为 100 万美元，并提供 10 万美元的资金，他们通常会期望获得 10% 的股权。

以下因素会影响你的启动前估值：

市场规模和机会：你的产品或服务所处的市场是否庞大且在增长？投资者倾向于对具有巨大扩展潜力的业务感兴趣。

独特性和知识产权：你是否拥有独特的产品、服务或专利技术，从而形成竞争优势？

创始团队：投资者非常看重创始团队的经验、技能和过往记录。一个有能力的团队会带来信心。

早期反响：即便没有收入，像社交媒体互动、客户注册或原型反馈等指标也能证明需求并验证你的创意。

商业模式与战略：清晰且明确定义的商业模式和增长战略能够向投资者展示你如何将想法转化为利润。

启动前估值的真实案例

以 Uber 的早期阶段为例。这家公司当时既没有拥有汽车，也没有可观的收入，但创始团队提出了一个颠覆交通行业的令人信服的愿景。投资者评估了市场潜力、基于应用程序的可扩展模式以及创始团队的实力。这些因素让 Uber 在尚未盈利时就拥有了较高的估值。

类似地，Airbnb 和 Instagram 等公司在产生收入之前就获得了数百万美元的资金。他们成功的关键在于能够清晰阐述自己的价值主张，以及未来的变现计划。

为什么投资者关心启动前估值

投资者关注你的启动前估值，是因为他们需要评估投资的风险与回报。清晰的估值有助于他们决定：

1. 愿意投资的资本金额。

2. 希望获得的股权比例。

3. 你的企业是否符合他们的投资策略。

对你而言，理解启动前估值能确保你以公平合理的条件提供股份，而不会低估或高估自己的企业。估值过高可能会吓退投资者，而估值过低可能会让你失去应有的股权和控制权。

如何进行启动前估值

由于启动前估值是主观性的，这里有一些准备的方法：

研究类似企业：了解行业内类似初创企业的估值基准。

展示你的潜力：强调市场规模、独特的价值主张以及任何早期反响。

打造强大的团队：与经验丰富、能力出众的团队成员合作，增强投资者对你执行能力的信任。

寻求专业建议：聘请有经验的顾问或咨询专家，帮助你制定合理的估值并与投资者谈判。

结论

在你的企业正式起步之前，估值为股权融资和未来增长奠定了基础。知道你的企业价值多少，并能够证明这一价值，在与投资者谈判时至关重要。通过关注市场潜力、团队实力以及清晰的成功计划，你可以为自己的估值提供令人信服的依据，确保你和投资者之间建立互利共赢的合作关系。

盈亏平衡公式：你何时才能盈利？

盈利是每个企业的最终目标，但在实现盈利之前，你需要先达到盈亏平衡点——即你的总收入等于你的总成本的那一刻。了解你何时能达到盈亏平衡点不仅仅是计算数字，它还是一个战略工具，帮助你了解企业的财务状况、规划增长路径，并做出明智决策。

掌握你的盈亏平衡点，可以避免财务上的失误，并确保你专注于最重要的目标：覆盖成本，为盈利铺路。无论你经营的是一家小咖啡馆，还是推出一个科技初创项目，盈亏平衡分析都是商业规划的基本环节。

什么是盈亏平衡点？

盈亏平衡点是指当你的总收入与总成本持平时的那一刻。这是企业不再亏损但尚未开始盈利的关键节点。计算这一点时，需要考虑两种成本：

固定成本：无论销售量如何变化，这些费用始终保持不变，例如房租、工资（可能包括在内）以及设备费用。

可变成本：随着生产或销售量的变化而波动的成本，例如原材料费用或运输费用。

例如，如果你经营一家咖啡馆，固定成本可能包括房租和设备租赁，而可变成本则包括咖啡豆、牛奶和一次性杯子的费用。

盈亏平衡的计算公式很简单：

$$盈亏平衡点（单位数） = \frac{固定成本}{单价-单位可变成本}$$

通过这个公式，你可以计算出需要销售多少单位的产品或服务才能覆盖所有成本。

为什么盈亏平衡点很重要？

了解你的盈亏平衡点可以为你提供明确的目标，让你能够：

设定现实的销售目标：知道需要销售多少才能避免亏损。

规划定价策略：确保价格既能覆盖成本又能在市场上保持竞争力。

监控财务健康状况：快速识别是否处于正轨或有偏差。

以亚马逊的早期发展为例。由于巨大的基础设施和物流投资，亚马逊的盈亏平衡点被大大推迟，导致公司多年亏损。然而，杰夫·贝佐斯清楚地理解这种权衡，将重点放在长期增长而非短期盈利。如今，亚马逊的盈亏平衡策略已经取得成功，使其成为世界上最有价值的公司之一。

如何计算你的盈亏平衡点

让我们来看一个简单的例子：
假设你在销售定制蜡烛，每个售价 20 美元。

固定成本：每月 5,000 美元（房租、公用设施、营销）。

单位可变成本：每件 10 美元（材料、包装）。

使用公式：

$$盈亏平衡点（单位数）= \frac{5,000}{20-10} = 500$$

这意味着你每月需要销售 500 支蜡烛才能达到盈亏平衡。每销售超过 500 支的蜡烛，所产生的收入将直接转化为利润。

更快达到盈亏平衡的策略

减少固定成本：协商更优惠的租赁条款，或使用性价比更高的营销渠道。

降低可变成本：更高效地采购材料，或重新谈判供应商合同。

提高价格：如果市场允许，可略微提高价格，同时确保产品或服务仍然具有吸引力。

增加销售量：通过有针对性的营销活动增加销售额，同时避免显著增加成本。

例如，特斯拉的早期策略集中在高利润率的豪华电动车上。通过定位高端市场，特斯拉比从大众市场车型开始更快地达到了盈亏平衡。

更大的图景

虽然盈亏平衡点很重要，但它并不是财务旅程的终点，而是迈向盈利的起点。达到盈亏平衡可以让你更有信心地扩展业务、再投资，并专注于可持续地扩大规模。

结论

盈亏平衡公式不仅仅是一个财务计算，它更是通向可持续发展和增长的路线图。通过了解你的企业何时能够盈亏平衡，你可以设定现实目标、做出更明智的决策，并为企业的长期成功奠定基础。无论你经营的是初创公司还是已成立的企业，了解盈亏平衡点是创业者最强大的工具之一。

管理现金流：收入、支出与保持运营

现金流是企业的生命线。虽然盈利是最终目标，但维持正现金流可以确保你的企业在短期内生存并茁壮成长。即使一家企业账面上盈利，如果没有足够的现金支付日常开销，也可能面临失败。有效管理现金的流入和流出对于企业的稳定运营和可持续增长至关重要。

管理现金流不仅仅是记录资金动向，它还需要合理的时机安排、周密的规划以及战略性决策，以确保在需要时拥有足够的资源。这是一种需要纪律性和前瞻性的平衡艺术。

理解现金流

现金流指的是企业中资金的流动，主要分为两个部分：

流入：企业的收入来源，通常包括销售收入、贷款或投资。

流出：企业的支出，包括房租、工资、库存采购和水电费。

例如，一家零售企业可能每天通过销售获得稳定的收入流入，但每月初需要支付大笔房租和补充库存的费用。流入和流出的时间错配可能导致现金流问题，即使企业在账面上盈利。

为什么现金流很重要

管理现金流至关重要，原因包括：

日常运营：确保按时支付员工工资、供应商费用以及账单。

灵活性：使企业能抓住机会，例如享受批量采购折扣或应对意外扩张机会。

生存：保护企业免受意外经济低迷或季节性销售下降的影响。

以沃尔玛为例，该公司的先进现金流管理确保了它能迅速支付供应商，同时将资金再投资于库存和运营。这种纪律性让沃尔玛能够保持低价策略，并在零售市场占据主导地位。

管理收入流的策略

加速回款：通过提供提前付款折扣或要求大订单的预付款，鼓励客户尽快支付。

多样化收入来源：依赖单一收入来源存在风险，可以探索互补性收入渠道以确保稳定流入。

监控付款条件：避免为客户提供过于宽松的付款条件，以免延误现金流入。

例如，亚马逊的 Prime 会员计划通过订阅收入创造了稳定的现金流，这不仅补充了其传统电商销售，还为其提供了持续的资金支持。

控制支出流的策略

协商付款条件：与供应商合作，延长付款期限，同时避免产生罚款，从而释放资金用于即期需求。

优先安排支出：特别是在资金紧张时期，区分必要支出和非必要支出。

利用科技：通过自动化的费用跟踪和预算工具确保记录及时且准确。

例如，特斯拉在早期通过战略性延迟向供应商支付款项，将支出与车辆销售收入相匹配，从而在增长阶段节约了现金。

应对现金流挑战的规划

即使有最佳规划，现金流问题仍然可能出现。为这些情况提前做好准备至关重要：

保持现金储备：将收入的一部分存为缓冲资金，以应对意外开销或低迷时期。

明智地使用信用：使用信用额度在现金流间隙中提供短期缓解，但要谨慎使用，以免造成长期债务。

定期预测：根据当前趋势和历史数据持续更新现金流预测，提前发现并应对潜在问题。

在 COVID-19 大流行期间，许多小企业意识到了现金流管理的重要性，意外的中断迫使他们迅速适应或面临倒闭。

现金流在增长中的作用

有效的现金流管理不仅能让企业维持运营，还能为增长奠定基础。通过保持健康的现金状况，企业可以再投资于营销、招聘额外员工，或扩展到新市场，而不危及财务稳定性。

结论

管理现金流不仅仅是平衡账目，它关乎对企业生命线的掌控。通过理解收入和支出的动态，做好挑战的准备，并做出战略性决策，你可以确保企业在当前保持稳健，并在未来实现增长。现金流不仅仅是为了维持运营，更是为了在竞争激烈的市场中蓬勃发展。

第6章：定价的艺术

以利润和增长为目标的定价

定价是商业中最强大的工具之一，它不仅影响收入，还影响客户的感知、品牌定位和市场竞争力。正确的定价策略可以吸引忠实客户、实现稳定利润，并将品牌确立为市场领导者。反之，错误的定价决策可能会疏远客户、损害声誉，甚至让利润从指缝间溜走。

定价策略需要在成本、价值和长期目标之间找到平衡。定价通常不是一成不变的；随着市场的变化，定价策略也应随之调整。然而，调整价格需要经过谨慎的规划，以避免引发客户反感、失去信任，并保护品牌的声誉。

定价策略的战略选择

企业在制定价格时，会根据具体目标、客户群体和竞争环境采用多种策略。以下是一些最有效的定价方法，并结合实际案例进行说明：

1. 基于价值的定价

基于价值的定价不是依据生产成本，而是根据客户感知的价值来定价。奢侈品牌如劳力士和爱马仕在这方面表现尤为出色。例如，一块劳力士手表不仅是计时工具，更是地位、工艺和独特性的象征。客户愿意为他们感知的价值支付高价，而这种价值远远超出生产成本。

2. 亏损引流定价

一些企业以低于成本的价格销售关键产品，以吸引客户，希望他们购买其他利润更高的商品。Costco的热狗和饮料套餐自

1985年以来一直定价为1.50美元就是一个典型例子。尽管通货膨胀不断上升，Costco依然拒绝涨价，因为他们明白这种价格能吸引客户进入仓库，而客户往往会购买其他利润较高的商品。

同样，像麦当劳这样的快餐连锁店通过推出1美元菜单吸引顾客，希望他们最终选择套餐或甜点，从而增加消费额。

3. 剃刀与刀片模型

这种策略是将主要产品定价较低，而对消耗品或配件收取更高的费用。例如，打印机公司通常以有吸引力的价格出售打印机，但通过墨盒获得丰厚利润。类似地，Nespresso的咖啡机价格实惠，但其咖啡胶囊产生了可观的持续收入。

对于需要重复使用的产品来说，这种策略尤为有效。低初始价格降低了进入门槛，而消耗品创造了稳定的收入来源。

4. 捆绑销售和追加销售

通过将多个产品打包并以折扣价出售，企业可以鼓励客户购买更多商品。Adobe对其Creative Cloud套件的应用便是典范。用户无需单独购买每个应用，而是以折扣价订阅整个套件，从而提升了整体收入，同时为客户提供了价值。

追加销售是这一策略的补充，通过鼓励客户购买更高价的版本或附加服务，例如航空公司提供的座位升级或优先登机服务。

5. 撇脂定价

也称高价定价法，拥有创新产品的企业通常会先设定较高的初始价格，以吸引早期采用者，然后逐步降低价格以吸引更多客户。苹果公司在iPhone等产品上成功采用了这种策略，在发布时吸引愿意支付溢价的客户，并逐步使产品更容易被大众接受。

然而，如果执行不当，这种策略可能适得其反。例如，特斯拉在某些车型上市不久后降价，引发早期购买者的不满，损害了客户信任。同样，房地产开发商在初始售价过高后为清理库存而降价，也可能削弱物业的感知价值。

6. 渗透定价

与撇脂定价相反，渗透定价是指通过最初设定较低价格来获得市场份额并吸引对价格敏感的客户。一旦站稳脚跟，企业便可以逐步提高价格。这种策略在订阅服务中非常常见，例如Netflix最初提供折扣计划以建立用户群，然后逐步提高价格。

调整价格的风险

虽然根据环境变化调整价格是必要的，但这也存在重大风险。降价可能让早期高价购买的忠实客户感到不满，而提价如果处理不当，则可能导致价格敏感的客户流失。

特斯拉的定价失误就是一个警示。当特斯拉降低其电动车价格时，许多早期采用者感到被低估，导致了负面新闻并损害了品牌信任。同样，高端公寓开发商为了清空库存降价，也可能削弱物业的价值感并侵蚀买家的信心。

为应对这些挑战，可以采取以下措施：

清晰沟通：明确价格调整的原因，强调客户利益。

增加价值：在提价时提供更多功能或服务以证明价格上涨的合理性。或者价格不变，但是提供更多价值，比如地产开发商采用赠送车位，装修，免费升级，家具补贴等方法。

逐步调整：避免突如其来的变动，小幅增减更容易让客户接受。

定价的宏观视角

定价不仅仅是设定一个数字，它还涉及理解客户、市场和价值主张。像Costco这样的企业展示了深思熟虑的定价策略的长期力量。通过将热狗套餐定价维持在1.50美元，Costco强化了其价值品牌承诺，培养了客户忠诚度，并吸引了更多客流量。
定价策略并不总是追求单一产品的最大化利润。有时，它更注重通过定价吸引客户并建立关系，从而在未来实现更高的整体盈利能力。

结论

定价既是一门艺术，也是一门科学。它需要仔细考虑成本、客户感知和市场动态。诸如基于价值的定价、亏损引流策略和捆绑销售等策略，如果与企业目标一致，都可以非常有效。然而，定价并非一成不变。市场在变化，定价策略也应随之调整——但这些变动需要谨慎处理，以保护声誉并保持客户信任。最终，定价不仅仅是为了创造收入。它关乎为增长建立可持续的基础，建立客户忠诚度，并传递能引起客户共鸣的价值。经过深思熟虑的定价，是实现长期成功的强大工具。

第一印象：名称、标识、色彩和数字足迹

企业的"第一印象"不仅仅是一个名称，而是多种元素的组合，传达了品牌的个性、价值观和特质。从潜在客户接触到您的企业的那一刻起，他们就开始根据企业的名称、标识、色彩和在线形象形成印象。这些元素为与客户建立关系奠定了基调，因此必须精心设计。

打造一个令人难忘的名称

企业的名称通常是客户与品牌进行的首次互动。一个出色的名称应该简洁、易记，并且反映企业的业务特点。例如，Google这个名字已经成为搜索的代名词，而特斯拉则传达出创新和活力。无论是开设咖啡馆还是科技初创公司，您的名称都应该与目标客户产生共鸣，并激发好奇心或信任感。

为我的搬家公司选择名称时，我选择了直截了当、专业的名称，以符合我所提供的可靠服务。有趣的是，一些客户甚至认为这家公司已经成立了很长时间，这增加了其信誉度。

在决定名称时，以下几个关键因素可以帮助确保名称对您的业务有所帮助：

检查网络域名可用性： 在确定名称之前，请验证相应的网络域名是否可用。匹配的域名使客户更容易在线找到您，并为您的数字形象增添专业性。

法律注册: 确保您的行业中没有其他公司使用相同或相似且可能引起混淆的名称。此步骤对于合法注册您的企业名称和保护商标至关重要。它有助于防止潜在的法律纠纷并保护您的品牌形象。

文化敏感性和多语言吸引力: 如果您的业务在全球范围内或在像温哥华这样文化多元化的地区开展,请考虑您的名称如何翻译成其他语言。确保它在不同的文化或语言社区中没有意外的含义或负面含义。这种敏感性可以增强您的品牌对更广泛受众的吸引力。

记忆性和中立性: 选择一个容易记忆和发音的名称。避免使用俚语或可能对任何群体具有冒犯性或排他性的术语。中立和包容的名称有助于树立积极的品牌形象。

总体而言,您的企业名称应该令人难忘、具有文化适应性、合法可用并在所有平台上保持一致,包括您的网站和社交媒体渠道。花时间仔细选择合适的名称为您的品牌形象奠定了坚实的基础,并有助于确保您的第一印象是积极而持久的。

设计一个代表您的标识

标识是品牌的视觉缩写,通常是品牌塑造的基石。它应该独特且易于识别。以苹果的极简主义标识为例,它在全球范围内广为人知,并传达出创新和简约。精心设计的标识不一定复杂,它需要与您的品牌信息保持一致,并且足够灵活,可以在各种平台上使用。

明智地选择颜色,因为它们会唤起情感并在品牌塑造中发挥关键作用。例如,蓝色与信任和专业性相关,因此在贝宝(Paypal)和摩根大通等金融机构中很受欢迎。绿色传达增长和可持续性,通常由像全食超市(Whole Food Market)这样的环保公司使用。

您的数字足迹：通往品牌的大门

在当今以数字为先的世界，您的在线形象与您的实体形象同等重要。确保使用与您的企业名称相匹配的强域名，使客户更容易在线找到您。在微信抖音，视频号，小红书，B站，快手，西瓜，Instagram、Facebook，Tiktok 或 LinkedIn 等平台上的社交媒体帐户对于与您的受众互动和展示您的产品同样重要。

您的网站是您的数字足迹的基石。精心设计的网站应该易于使用、针对移动设备进行了优化，并反映您的品牌个性。例如，Shopify 的简洁直观的网站不仅突出了其服务，而且还为潜在客户树立了信任。

一致性是关键

所有这些元素，即名称、标识、色彩和数字形象，都应该协同工作，以创建一致的品牌形象。无论客户在社交媒体上看到您的标识、浏览您的网站还是访问您的实体店，体验都应该统一。这种一致性建立了信任，并帮助客户记住您的品牌。

结论

企业的"第一印象"可以影响客户对您的看法以及他们是否选择与您的品牌互动。令人难忘的名称、强有力的标识、精心选择的色彩和精心执行的数字足迹是成功的关键要素。这些决策不仅仅是创造性的决策，它们是与您的受众建立联系并留下持久影响的战略工具。投入时间将其做好，因为它们将成为您品牌形象的基础。

识别并规避风险

每个企业都面临着风险，无论是小型咖啡馆还是跨国公司。这些风险可能包括财务损失、法律问题、运营中断和市场竞争。及早识别潜在风险并制定缓解策略对于建立具有韧性的企业至关重要。虽然无法完全消除风险，但积极的规划可以帮助您避免不必要的陷阱，并在出现挑战时做出有效的响应。

企业面临的风险类型

业务风险可以大致分为几个领域：

财务风险： 包括现金流问题、意外支出和融资困难。例如，初创企业经常高估其初始收入并低估运营成本，导致现金短缺。

运营风险： 涉及日常运营的中断，例如供应链延迟、设备故障或人员配备问题。例如，如果主要供应商突然倒闭，餐厅可能会陷入困境。

市场风险： 消费者偏好的变化、竞争加剧或经济衰退可能会威胁到企业的成功。想想当像迪士尼+这样的流媒体竞争对手进入市场时，Netflix是如何适应的。

法律和监管风险： 违反当地法律、税收要求或行业法规可能会导致罚款、诉讼甚至企业关闭。例如，Uber 由于不同国家的法规不同而面临着无数的法律挑战。

声誉风险： 负面评价、社交媒体反弹或公共丑闻会损害品牌的形象。一个单一的病毒式事件可能会损害多年来辛辛苦苦建立的信任，正如一些公司在处理客户投诉或公共关系危机时所犯的错误一样。

如何识别风险

要有效地管理风险，您必须首先识别它们。以下是解决此问题的方法：

进行风险评估: 分析业务的各个方面,从财务到运营,并列出潜在的弱点。例如,问问自己:如果销售额下降 20% 会发生什么?如果供应商未能交货怎么办?

从行业趋势中学习: 研究您所在行业的类似企业以识别常见的挑战。例如,如果您要开设零售店,请观察其他企业如何应对经济衰退或向电子商务的转变。

聘请专家: 会计师、律师和顾问等专业人士可以为您提供有关特定于您的业务模型或行业的风险的宝贵见解。他们可以帮助您发现您可能忽略的风险。

使用情景规划: 考虑"如果"情况并相应地进行规划。例如,如果主要竞争对手降低价格或关键员工离职,您的策略是什么?

规避风险的策略

一旦确定了风险,下一步就是制定策略来规避或缓解风险:

建立财务弹性: 保持现金储备以应对意外支出。密切监控您的现金流并避免过度依赖债务。

多元化供应商和收入来源: 过度依赖单一供应商或产品线可能存在风险。例如,物流公司可能会确保多个货运提供商以确保一家公司失败时能够保持连续性。

确保合规性: 随时了解您所在行业的法律和法规的变化。聘请法律顾问或顾问可以使您免于代价高昂的合规错误。

投资于声誉管理: 通过及时和透明地处理客户投诉来积极管理您的品牌形象。制定社交媒体政策以防止公开失误。

制定应急计划: 为紧急情况做好准备,制定详细的计划。例如,电子商务企业应拥有备用服务器,以避免在高峰购物季节出现停机时间。

风险管理实践示例

积极应对风险的企业往往会变得更加强大。例如：

苹果公司: 该公司将其制造业多元化到多个国家，减少了对中国等单一地区的依赖。这最大限度地减少了地缘政治紧张局势或当地中断的影响。

星巴克: 咖啡巨头通过对冲合同锁定未来咖啡价格，从而保护自己免受商品市场价格突然飙升的影响。

亚马逊: 该公司大量投资物流基础设施，以避免对第三方运输的依赖，确保在高峰季节更顺畅地运营。

结论

风险是业务固有的一部分，但它们不一定是致命的。通过及早识别潜在挑战并实施应对策略，您可以保护您的业务免受可避免的挫折并为意外情况做好准备。无论是通过财务规划、合规措施还是多元化，积极的风险管理使您能够专注于增长，同时在面对挑战时保持韧性。

第二步：再确认·第二次创造

在第1步中制定了初步计划后，第2步将重点放在通过现实世界的洞察来再确认您的想法。这一阶段——第二次创造，是您的愿景开始与现实接轨的时刻。仅有一个出色的概念还不够；您需要对其进行验证、测试和完善，以确保它切实可行、具有影响力，并准备好执行。此过程能够降低风险并增强信心，为您做好前进的准备。

第2步分为四个关键章节，指导您完成再确认的核心内容：

验证您的想法：
通过潜在客户和市场测试您的概念，以确保它能够解决一个真实的问题并具有成功的潜力。本章节将探讨为何验证至关重要、如何进行验证以及为何这是一个持续的过程。

反馈的重要性：
反馈是增长的基石。它能够揭示盲点、发现机会，并确保您走在正确的道路上。从客户、顾问和利益相关者那里收集有意义的见解，是完善您策略的关键。

完善您的计划：
通过验证和反馈，您的初步计划将演变成更为坚实的方案。完善并不是一次性的活动，而是一个持续改进的过程。本章节将提供切实可行的步骤，以强化您的商业模式和方法。

无风险测试：

在全面投入资源之前，必须以智能、成本有效的方式对您的想法进行测试。无风险测试可以最大限度地减少风险，并确保您的概念准备好面向市场。

第2步并不是追求完美，而是建立信心的过程。在这个阶段，您将拥抱学习，应对挑战，并确保您的业务建立在知识而非假设的基础之上。完成这一阶段后，您不仅会重新确认自己的愿景，还会武装自己以更清晰的方向和更强的韧性继续前行。

伟大的商业创意往往源于一瞬间的灵感，但即使是最闪亮的创意，也需要经过测试才能真正发光。验证是一个证明您的想法可行的过程——不仅是在理论上可行，更是在实践中有效。通过收集现实世界的洞察，验证可以增强您对创意的信心并降低风险。如果跳过验证，就像建房子没有打地基——开始时看起来可能很有希望，但随着时间推移，问题一定会浮现。

本章将探讨为什么验证至关重要，以及如何有效地开展验证工作。从识别目标受众到小范围测试您的创意，验证能够为您提供清晰的信息，帮助您做出明智的决策。这不是一夜之间完善您的创意，而是确认它是否能解决一个真实问题并满足市场需求的过程。

验证还能节省时间、金钱和资源。许多企业的失败是因为在不了解客户真正需求的情况下仓促启动。本章将帮助您避免这些陷阱，向您展示如何在全面投入之前测试和完善您的想法。

请记住，验证并不是一次性的任务。这是一个随着您的业务不断演变的持续过程。随着市场、技术和客户偏好的变化，您的验证方式也需要相应调整。将验证视为一项持续的实践，您将在竞争激烈的环境中更具适应性和成功的潜力。

让我们深入探讨如何验证您的创意，避免因跳过验证而带来的成本，并为您的业务成功奠定基础。

验证您的想法：信心与风险减少

创业本身充满风险，但这并不意味着您需要盲目行动。验证是从想法到成功企业之间的桥梁。通过验证，您可以证明您的概念是否能够解决实际问题、与目标受众产生共鸣并在市场中具备发展潜力。通过尽早测试您的想法，您可以在减少代价高昂错误风险的同时，为自己的决策建立信心。

为什么验证很重要

许多初创企业的失败原因在于跳过了验证阶段，匆忙上线，却未确认其想法是否符合客户需求。验证可以帮助您发现潜在缺陷，优化策略，确保您解决的是对受众真正重要的问题。这就像在首演前进行彩排——可以揭示哪些方面有效，哪些需要调整。

以Airbnb的早期为例。创始人通过在旧金山的一场会议期间，将自己的公寓出租给使用气垫床的住客来测试概念。这种小规模实验不仅验证了对经济型短期住宿的需求，还帮助他们在扩大规模之前完善了平台。通过小范围验证，他们建立了吸引投资者并发展业务的信心。

验证的好处

降低风险
验证可以通过在问题恶化之前识别潜在问题来最大限度地减少财务和声誉风险。与其在未经验证的想法上大量投资，不如用最少的资源测试其可行性。

建立信心
验证您的想法后，您可以更清楚地了解您的概念是否有价值。这种信心在向投资者推介、组建团队或投入时间和精力时尤为重要。

满足客户需求
验证确保您的解决方案符合客户的需求和期望。它可以帮助您微调产品或服务，更好地满足客户需求，从而提高成功的可能性。

优化资源

通过先进行验证，您可以专注于有效的方案，避免在无效策略或产品上浪费资源。

如何进行验证

验证并不需要庞大的预算或完全开发的产品。关键是从小规模入手，专注于能够提供有意义反馈的增量测试。目标是收集现实世界的洞察，而不是过度投入资源。以下是一些实用的验证方法：

问卷调查和访谈

直接与潜在客户互动，了解他们的痛点以及您的解决方案是否对他们有吸引力。提出开放性问题以挖掘他们真正需要和重视的内容。例如，如果您打算开设一家咖啡店，可以询问目标地区的顾客他们的偏好，例如营业时间或菜单选项。

原型测试

开发产品或服务的简单版本并与小范围的受众测试。原型不需要完美，它们的目的是展示功能并收集反馈。例如，如果您正在开发一款新应用程序，可以用可点击的模型来帮助用户了解概念，而无需完全开发。

快闪店或市场试验

快闪店或夜市摊位是测试产品的绝佳方式，无需承诺长期租赁或承担高额运营成本。例如，如果您计划推出一家食品业务，可以在本地夜市摆摊测试顾客的兴趣，收集反馈并根据实际互动优化产品。

在线销售测试

通过Etsy、eBay或社交媒体等平台在线销售可以减少间接成本和长期承诺。这种方法让您可以根据客户反馈快速调整策略。

预售与预订

在产品或服务完全开发之前提供预售。此方法不仅可以测试兴趣，还能帮助产生早期收入。例如，特斯拉通过预售活动验证新车需求，在生产开始前获得客户承诺。

登陆页测试

创建一个简单的网页，描述您的概念、其优势并设置行动号召，例如报名更新或进行预订。通过Google广告或社交媒体引流至登陆页，可以洞察客户的兴趣和参与度。

例如，在构建Dropbox之前，创始人制作了一段简短的演示视频，说明产品的工作方式。压倒性的正面反馈验证了他们的想法，而无需编写任何代码。客户的反馈还帮助他们根据需求优先考虑功能。

为什么从小开始？

从小规模入手可以最大限度地减少风险并保持成本可控。它让您能够快速测试想法，并根据真实反馈进行优化后再扩大规模。这样的增量步骤可以确保您为目标受众解决真实问题，同时让您在必要时具备灵活调整的能力。

这种迭代方法特别强大，因为它在整个过程中始终让您与目标市场保持联系。每次测试都会深化您对客户需求的理解，帮助您打造真正与客户产生共鸣的产品或服务。

验证：一个持续的过程

验证您的想法并不是一次性的任务。市场在变化，客户偏好也在变化。持续验证可以让您随着受众的变化而调整和成长。那些拥抱这种思维的企业——例如Amazon，不断测试和优化其产品——在保持竞争力方面更有优势。

结论

在高风险的创业世界中，验证是您的安全网。通过尽早验证您的想法，您可以降低风险，建立信心，并确保与目标受众一致。这不是完全消除不确定性，而是通过明智的决策为您的业务奠定长期成功的基础。在前进的过程中，让验证成为您的向导，帮助您优化创意，稳固通往成功的道路。

跳过验证的代价

在迫不及待地想启动业务时，跳过验证似乎很诱人。毕竟，验证需要时间、精力，有时还需要资金。然而，未对您的想法进行验证，就像在不查看天气预报的情况下起航——一开始可能看起来一切正常，但实际上您正在驶入未知的危险水域。跳过验证的后果可能非常严重，往往会导致资源浪费、声誉受损，甚至直接失败。

假设的高昂代价

当企业跳过验证时，它们的决策通常基于假设而非事实。这往往会导致开发出不符合客户需求或解决错误问题的产品或服务。例如：

Segway：
这款自平衡滑板车被宣传为革命性的交通工具。然而，开发者没有验证消费者是否真的需要或想要它。由于用户对其用途不明确，该产品未能达到预期的销售目标。

百事可乐的Crystal Pepsi：
在1990年代，百事推出了一款透明可乐，假设消费者会将其视为独特且健康的选择。然而，他们并未验证消费者是否将透明度与可乐风味联系在一起。这款产品因让人感到困惑而非兴奋而失败。

这些例子表明，假设可能导致产品完全偏离市场需求，浪费时间、金钱和市场机会。

财务损失

跳过验证往往会导致本可避免的财务损失。为未经测试的想法开发产品、建立库存或创建营销活动会消耗资源却毫无回报。对于小企业和初创公司而言，这种损失可能是毁灭性的。

例如，Juicero是一款高科技榨汁机，尽管筹集了数百万资金，但未能验证其对消费者的价值。消费者很快发现可以用手挤压果汁包，从而使售价400美元的榨汁机变得毫无必要。公司最终倒闭，留下数百万未售出的库存，成为企业家的一个警示故事。

声誉受损

失败的产品或服务不仅损失金钱，还会损害您的声誉。感到被误导或失望的客户未来很可能不会再信任您的品牌。这种损害可能需要多年才能修复，尤其是对新企业而言。

例如，MoviePass，这项基于订阅的电影票服务虽然迅速流行，但其定价模型未经过验证，是否可持续也未被证实。公司无法履行承诺，导致客户不满和品牌受损。

失去机会

没有验证，您可能会在错误的想法上投资，同时错过更好的机会。验证不仅揭示缺陷，还会突出潜在改进的领域或替代路径。许多企业在发现初始概念不可行后，通过验证成功地实现了转型，但那些跳过验证的企业可能永远看不到这些机会。

例如，Slack最初是作为一家游戏公司的内部通信工具开始的。通过验证，创始人意识到其更广泛的应用潜力，最终转型为全球最成功的工作场所通信平台之一。

为什么企业家跳过验证

尽管存在风险，但一些企业家跳过验证，因为他们害怕听到负面反馈，或者认为自己的直觉足够准确。也有一些人低估了验证的重要性，或者认为验证太耗时间。然而，与后期失败相比，前期投入的时间和精力微不足道。

结论

跳过验证可能看似捷径，但通常会导致代价高昂的错误，而这些错误本可以通过一点努力和前瞻性避免。跳过验证的代价不仅是财务上的，还可能损害您的声誉、浪费机会，甚至危及业务未来。验证不是一种奢侈品，而是一项必要工作。通过尽早验证您的想法，您不仅节省了时间、金钱和信誉，还为成功奠定了基础。这是一个小的投入，却能带来巨大的回报，确保您的业务建立在事实而非假设之上。

验证：证明想法的现实步骤

将您的商业想法转变为可行的业务不仅需要热情，更需要证据。验证实践意味着超越假设和理论规划，在现实场景中测试您的概念。这是发现您的想法是否经得起实际条件考验、能否引起目标受众共鸣并创造价值的关键步骤。以下是将验证转化为切实可行的操作流程的具体步骤：

1. 确定测试目标

每一次验证都应从一个明确的问题开始：您需要了解什么？是要测试产品是否能解决特定问题，价格是否合适，还是市场需求是否足够？每次测试都应有一个明确的目标。例如：

一个新的食品配送应用程序可能验证人们是否愿意为便利性支付比传统外卖更高的费用。

一款创新健身产品可能测试其独特功能是否比现有替代品更能吸引客户。

明确问题可以让验证工作更具针对性和效率。

2. 从小规模实验开始

验证的第一步不需要全面启动业务，而是从低成本、低投入的测试开始。这些测试可以包括：

推出单一产品线：一家新的时尚品牌可能先出售一种类型的服装，以评估需求，再逐步扩展。

参与本地活动：食品初创公司经常在农贸市场，夜市或节日活动中测试其产品，并直接从顾客那里获得反馈。

例如，Warby Parker最初以在线眼镜零售商的身份运营。为验证概念，他们向朋友和潜在客户发送原型眼镜，收集偏好信息后才投入大规模生产。

3. 与受众直接互动

客户反馈在验证过程中极为宝贵。测试概念是一回事，了解客户为何会做出反应则是另一回事。您可以使用以下方法：

快闪店：通过临时店铺观察客户如何亲自与您的产品互动。

焦点小组：召集一小群潜在客户测试您的想法，并提供详细见解。

例如，当Zappos想验证在线销售鞋子的需求时，创始人通过将本地商店的鞋子列在网上销售，客户下单后再亲自采购并发货。这样，他们在未投资库存和物流的情况下验证了市场需求。

4. 在线模拟市场

数字世界为实时验证想法提供了成本效益高的方法。搭建一个基础的登录页或电商店铺，测试您的概念吸引力。常见方法包括：

预售活动：如果您正在推出一款新设备，可以提供预售服务，观察有多少人愿意购买。

社交媒体广告：利用Facebook或Instagram等平台宣传您的概念，并跟踪互动或注册情况。

例如，智能手表公司Pebble通过Kickstarter验证需求，筹集了超过1000万美元。这种压倒性的响应不仅提供了概念证明，还为产品的开发提供了资金支持。

5. 测量、分析和调整

数据是验证的生命线。在运行测试后，分析结果并寻找模式。关键指标可能包括：

客户兴趣（例如点击、注册或购买）。

对价格或功能的反馈。

测试过程中暴露的痛点或反对意见。

根据所学的经验教训调整策略。例如，如果客户对产品感兴趣但因价格犹豫，可以考虑调整价格策略或增加产品价值。

6. 持续迭代

验证不是一次性的任务，而是一个持续的过程。随着业务的增长，重新测试您的假设以适应不断变化的市场趋势。持续验证可以确保您的产品或服务保持相关性和竞争力。

结论

验证实践是通过有意义的步骤在现实世界中证明您的想法。无论是通过快闪店测试、通过调查与客户互动，还是运行在线活动，每一步都能带来清晰性并减少不确定性。通过明确重点，从小规模开始并不断从实验中学习，您为构建一个不仅可行而且能够蓬勃发展的业务奠定了坚实基础。

验证不是一次性任务

验证并不是一项可以完成后就忘记的任务，而是随着您的业务发展不断演变的过程。市场在变化，客户偏好在变化，竞争对手也在不断涌现。昨天奏效的策略可能明天就失灵，无法适应的企业将面临被淘汰的风险。持续验证可以确保您的业务始终与目标受众的需求、行业的现实以及增长的机遇保持一致。

为什么验证是一个持续的过程

市场动态变化：

行业很少是静态的。今天推动您业务发展的趋势或需求可能明天就消失。例如，Blockbuster依赖实体电影租赁业务而兴盛一时，但随着Netflix验证并主导了更便捷的流媒体模式，Blockbuster逐渐被淘汰。Netflix通过分析观众偏好并调整其产品，持续验证自身模式以保持竞争力。

客户期望的变化：

客户的需求和行为总是在新技术、文化变迁或经济变化的影响下不断演变。例如，星巴克通过引入季节性产品并测试像移动点单这样的创新概念，持续验证其菜单和客户体验。

业务的增长和变化：

随着业务扩展，适用于初创企业的策略可能不再适用。例如，一家本地小餐馆可能通过与客户的直接互动来验证菜单更改，但当它成长为连锁餐厅时，验证可能需要借助大规模调查或数据驱动的见解。

持续验证的实用步骤

监测关键指标：

关注销售数据、客户留存率和其他绩效指标。如果这些数字开始下降，这是重新审视假设并验证产品或服务是否仍然符合市场需求的信号。

定期收集反馈：

建立系统以持续收集客户反馈，例如购买后调查、在线评论或社交媒体互动。积极倾听客户的意见，并利用他们的洞察来优化策略。

频繁测试新想法：

将您的业务视为一个动态实验。无论是新产品、营销策略还是运营变更，都应通过小规模测试验证其效果，然后再广泛实施。

对标竞争对手：
观察竞争对手的动向，分析他们的策略为何成功或失败。这有助于您在更广泛的市场背景下验证自己的方法。

持续验证的成功案例

亚马逊：
亚马逊称霸市场的原因之一在于其对持续验证的承诺。通过不断测试和优化用户界面、配送选项和产品推荐，亚马逊始终领先于竞争对手，并确保无缝的客户体验。

可口可乐：
虽然经典的可口可乐配方保持不变，但公司通过市场调研和限量推出新口味（如樱桃可乐或香草可乐）不断验证其产品线。

停止验证的风险

如果您停止验证，可能会与市场脱节。例如：

柯达：
柯达未能验证数字摄影的影响，继续坚持传统胶卷，即便市场已经发生变化。结果，这个曾经的行业巨头被市场抛弃，无法适应客户需求。

MySpace：
作为曾经领先的社交媒体平台，MySpace没有针对Facebook等新兴竞争对手验证其策略，最终导致其衰落。

结论

验证不是一次性的检查点，而是一个确保您的业务保持相关性、竞争力和以客户为中心的持续过程。通过定期测试假设、收集反馈并适应变化，您可以构建一个在不确定性中蓬勃发展的业务。请记住，验证之旅永远不会结束——它会随着您的业务不断演变，使您始终与瞬息万变的世界保持同步。

第9章：反馈：增长的指南针

反馈是任何业务增长中最强大的工具之一。它就像一支指南针，引导您不断改进、创新，并与客户需求保持一致。无论您的初始想法看起来多么出色，真正的考验在于它是否能够引起您服务对象的共鸣。反馈填补了愿景与现实之间的差距，提供了适应、改进和繁荣所需的洞察。

本章重点探讨如何将反馈融入您的业务策略中。收集反馈不仅仅是倾听客户意见，而是深入理解他们的需求、愿望和挫折。有效利用反馈可以揭示盲点、发现新机会，甚至激发您未曾考虑过的突破性想法。

然而，仅仅获得反馈是不够的。关键在于提出正确的问题、深思熟虑地分析信息，并果断地采取行动。一种结构化的反馈方法可以确保您不仅仅是收集数据，而是将其转化为推动业务发展的可操作洞察。无论您是刚刚起步，还是正在攀登新高度，掌握反馈的艺术对于保持相关性和竞争力至关重要。

在本章中，您将了解到反馈的重要性、如何收集有意义的洞察，以及如何将这些洞察转化为推动业务向前发展的行动。反馈不仅仅是解决问题的工具；它是实现持续增长和持久成功的秘密武器。让我们一起来探讨如何利用反馈为您创造优势。

反馈是企业的生命线

在瞬息万变的商业环境中，反馈是您企业的生命线——一项至关重要的工具，帮助您的企业与服务对象保持联系。没有反馈，即使是最具创新性的想法也可能因未能满足客户需求或市场要求而失败。反馈不仅仅是数据；它是愿景与现实之间的桥梁，为您提供清晰、指导和改进的机会。

为什么反馈很重要

反馈确保您正在为目标受众解决正确的问题。它可以帮助回答一些关键问题：客户是否满意？您的产品或服务是否符合他们的期望？是否有改进的空间？忽视反馈就像没有指南针的航行——您或许在前进，但完全不知道是否走在正确的方向上。

以亚马逊为例，这家全球最以客户为中心的公司之一，其成功在很大程度上归功于倾听客户的承诺。从创立初期开始，亚马逊就收集关于网站导航、配送时间等各方面的反馈。这种对反馈的持续关注使亚马逊能够优化流程，引入一键下单等功能，并建立了无与伦比的客户忠诚度。

各阶段企业的反馈需求

反馈不仅仅适用于成熟企业——它在企业发展过程中的每个阶段都至关重要：

对于初创企业：反馈可以验证您的想法，优化产品，并确保您解决的是客户的真实问题。

对于成长中的企业：反馈可以突出需要改进的领域，帮助您适应更广泛或更多样化的受众群体。

对于成熟企业：反馈可以让您保持竞争力，揭示新兴趋势和客户偏好的变化。

例如，Netflix通过客户数据和反馈不断优化其内容选择。通过分析观众偏好，它从一家DVD租赁服务转型为全球流媒体和原创节目制作的领导者。这种转变并非凭空猜测，而是基于反馈驱动的创新。

忽视反馈的风险

忽视反馈可能导致错误决策、客户流失和声誉受损。例如，Blockbuster未能适应娱乐行业向数字化的转变，因为它忽略了客户通过行动间接给予的反馈——比如转向Netflix的服务。忽视反馈会错失增长和创新的机会。

结论

反馈不仅是一种工具，它还是维系企业与受众保持一致的生命线。通过接受反馈，您可以获得清晰的方向，降低风险，并确保您的努力集中于真正重要的事情。无论是通过直接对话、问卷调查还是数据分析，反馈都能让您的企业根植于现实，同时推动其发展。将反馈视为一种礼物——一种指引您迈向长期成功的指南针。

获取真实洞察：收集有意义的反馈

反馈的价值取决于其提供的洞察质量。收集有意义的反馈意味着超越表面层次的问题，深入挖掘有实际行动价值的见解，帮助您优化业务并更好地服务目标受众。这不仅仅是收集意见，而是理解这些意见背后的原因，并利用这些知识做出明智的决策。

有意义反馈的重要性

有意义的反馈是增长和改进的基础。它能够突出哪些方面有效、哪些需要调整以及哪些潜在机会隐藏在表面之下。例如：当星巴克推出其移动应用程序时，并没有止步于上线。通过用户反馈，公司优化了应用界面，改进了支付系统，并增加了奖励追踪等功能。这些变化直接来源于客户的有意义反馈。

收集有意义的反馈可以确保您专注于正确的领域，从而节省时间和资源，避免在无效的改动上浪费精力。

收集反馈的方法

有多种方式可以收集反馈，每种方法都有其优势。关键是选择与您的目标和受众相匹配的方法。

直接对话
面对面的讨论或电话交谈能够提供丰富而详细的洞察。这些方式允许您实时提出后续问题并澄清客户的回答。例如，如果您正在推出一款新产品，与潜在客户直接交谈可以揭示他们的期望和担忧。

问卷调查
问卷调查是一种可扩展的方式，能够从更大的受众群体中收集反馈。像Google Forms、SurveyMonkey或Typeform等平台使设计和分发问卷变得轻而易举。将您的问题设计得具体且简洁，以鼓励诚实和有用的回答。

客户评价和社交媒体
监控在线评论和社交媒体提及可以帮助您了解客户对您品牌的看法。工具如Hootsuite或Google Alerts可以帮助跟踪提及和情绪，为您提供公众舆论的脉搏信息。

可用性测试
对于产品或数字平台，可用性测试能够直接洞察客户如何与您的产品交互。观察用户如何浏览您的网站、应用程序或服务，以识别痛点或改进区域。

焦点小组

将一小群客户聚集在一起讨论您的产品或服务，可以提供定性反馈，并激发您未曾考虑过的想法。

收集反馈的最佳实践

具体化： 提出有针对性的问题，针对业务的特定领域。例如，与其问"您喜欢我们的服务吗？"不如问"您觉得我们的服务哪一方面最有价值？"

简化流程： 简化反馈流程以鼓励参与。简短的问卷、易于操作的表格或轻松的对话比冗长或复杂的方法更有效。

提供激励： 提供小奖励（如折扣或礼品卡）可以提高回复率，同时不会降低反馈质量。

反馈运用的案例

苹果公司对收集客户反馈的重视是其成功的核心。在推出新功能或产品之前，苹果会进行广泛的测试并收集用户洞察，以确保其产品符合预期。这种对有意义反馈的承诺帮助苹果公司持续推出创新且用户友好的产品。

同样，丰田公司基于"持续改进"的改善哲学取得成功。这种方法通过收集并行动于员工和客户的反馈，确保公司每个方面都与其目标和客户需求保持一致。

结论

收集有意义的反馈不仅仅是获取意见，而是寻求能够指导业务决策的真实洞察。通过选择合适的方法、提出正确的问题，并为受众提供简便的反馈流程，您可以获得改进和成长所需的清晰方向。请记住，反馈不仅是数据——它是与客户的一次对话，每一个有意义的洞察都能让您更接近长期的成功。

掌握有效反馈提问的技巧

您收到的反馈质量很大程度上取决于您提出问题的质量。不恰当或模糊的问题会导致泛泛的回答，而精心设计的问题则能打开通往深刻洞察的大门，为您的商业决策提供指导。提出正确问题是一门艺术，需要清晰、专注，以及对反馈提供者的理解和同理心。

有效的反馈问题可以帮助您识别哪些方面表现良好，哪些需要改进，以及潜在的改进机会。例如，当Netflix希望优化其平台时，他们不仅仅问用户是否喜欢服务，而是深入到具体细节：用户喜欢什么内容，如何浏览平台，以及希望增加哪些功能。这些有针对性的问题帮助Netflix个性化其服务，并保持市场领导地位。

有效反馈提问的核心原则

清晰是关键
设计反馈问题时，清晰是第一要素。模糊或过于宽泛的问题往往会让受访者感到困惑，从而导致含糊的回答。例如，问题"您对我们的业务有什么看法？"可能得到"很好"或"还行"这样的回答，这对行动改进没有实际帮助。相反，像"您对我们的配送速度有多满意？为什么？"这样具体的问题可以引导受访者提供有针对性的反馈。

每个问题专注于一个主题
一个问题包含多个要素会让受访者感到负担过重，可能导致回答不完整。例如，与其问"您是否喜欢我们的产品和客户服务？"不如拆分成两个问题："您对我们的产品质量有多满意？"和"您如何评价我们的客户服务？"

鼓励开放式回答

开放式问题同样重要。虽然是非题简单快捷,但往往无法捕捉客户情感的细微之处。提出"您对我们的服务体验喜欢或不喜欢哪些方面?"这样的问题,可以邀请客户详细阐述,从而提供更丰富、更具体的见解,这些见解可以转化为实际的改进措施。

场景化提问

在适当情况下,可以使用基于场景的问题。这类问题帮助受访者思考实际生活中的情境,使他们的反馈更实用且贴近实际。例如,应用开发人员可以问:"如果您使用我们的应用程序预约服务,什么功能可以让流程更简便?"这种方法有助于您理解用户在实际使用中的行为模式。

避免反馈提问中的陷阱

避免引导性或偏见性问题

引导性或带有偏见的问题可能会影响受访者的回答。例如,"您不觉得我们的服务很棒吗?"这样的提问很可能会得到积极回应,而无论客户的真实感受如何。更好的替代方式是"您如何描述您对我们服务的体验?"中立的语言可以确保反馈是真实且客观的。

简化反馈流程

确保反馈过程简单便捷。如果客户觉得反馈过于繁琐或耗时,他们的参与意愿会降低。简短、清晰的问题以及易于操作的格式(如在线问卷或轻松的面对面交流)会更有效。

有效反馈的实际案例

亚马逊

在收集反馈方面,亚马逊堪称典范。在购买后,亚马逊不会仅仅问"您喜欢这个产品吗?"而是会提出更具体的问题,例如"这个产品是否符合您的预期？"以及"您如何评价配送体验？"这些精准的问题提供了可操作的洞察，用于改进产品和服务。

Slack

Slack通过客户反馈不断优化其平台。在用户注册时，他们会询问新用户："哪些功能对您的团队最重要？"这一聚焦的问题帮助Slack针对不同企业的独特需求优化其服务，确保客户满意度和忠诚度。

深思熟虑问题的影响

设计有效的反馈问题不是一次性的工作，而是一个持续的实践。随着您的业务发展，您需要提出与时俱进的问题。深思熟虑的问题能够促进您与客户之间的对话，建立信任，并表明您重视他们的意见。这种信任反过来会鼓励更诚实和详细的反馈，从而形成一个改进的良性循环。

结论

掌握有效反馈提问的技巧对每位企业家来说都是至关重要的。通过提出清晰、专注且有意义的问题，您可以挖掘出引导业务向前发展的深刻洞察。正确的问题不仅仅是收集数据，还能建立您与受众之间的连接，让您能够打造真正满足他们需求的业务。无论您是在改进产品、提升服务，还是探索新机遇，您提出反馈问题的方式决定了您获得的答案，也最终影响了您的成功。

建立持续反馈框架

反馈不是一次性的活动，而是随着业务发展不断演变的持续过程。要保持竞争力和相关性，您需要一个结构化的系统，用于持续收集、分析和执行反馈。一个设计良好的框架可以确保反馈不被分散或忽视，而是成为促进增长和适应变化的工具。

反馈框架不仅仅是收集意见；它是创建一个可靠的系统，使您的业务始终与客户需求、市场趋势和运营目标保持一致。例如，亚马逊和苹果等公司将反馈循环嵌入其核心流程中，从而不断优化产品、提升客户体验，并在行业中保持领先地位。

建立反馈框架的基础

创建反馈系统的第一步是明确您的目标。您是想提高客户满意度、优化产品，还是发现运营中的低效之处？明确的目标可以帮助您集中精力，并确保收集的见解具有可操作性。

反馈可以来自多个来源——客户、员工、供应商，甚至竞争对手。重要的是为收集反馈建立一致的渠道。例如，直接对话、客户调查和在线评论是与客户互动的有效方式，而内部反馈系统可以帮助您收集员工的想法。一家餐厅可能通过评论卡收集反馈，而电商企业可能使用购买后调查来更好地了解客户体验。

将反馈收集融入日常运营至关重要。如果仅仅偶尔收集反馈，您可能会错过趋势或未能对关键见解采取行动。例如，星巴克通过"My Starbucks Idea"平台定期与客户互动，让客户提交创意和反馈，从而建立了持续的对话机制。

将反馈转化为行动

收集反馈只是开始，其真正的力量在于分析数据并付诸实践。首先，将反馈整理为主题或类别，例如产品功能、客户服务或配送效率。客户关系管理（CRM）软件等工具可以简化这一过程，帮助您更轻松地识别重复出现的问题或机会。

在分析数据后，根据可能的影响优先处理变更。例如，如果有多位客户提到您的网站导航困难，解决这一问题的优先级应该高于对网站外观的小幅改动。

闭环反馈是反馈框架中的重要组成部分。客户希望知道他们的声音被听到了。通过向他们传达您根据反馈所采取的行动——例如引入新功能或改进流程——可以建立信任并鼓励更多的参与。同样，在团队内部，认可员工提出的有价值建议有助于营造创新与合作的文化。

保持框架的动态性

反馈系统应具有灵活性，能够随着业务的增长或市场环境的变化而调整。持续改进是丰田等成功企业的基石，其"改善"哲学强调通过所有层级的反馈推动学习和创新。同样，Netflix根据观众偏好不断优化其内容，确保在竞争激烈的市场中保持相关性。

创建一个持续反馈框架需要投入和承诺，但回报是巨大的。它提供了一条稳定的见解流，指导决策、提高客户满意度，并增强企业应对意外挑战的能力。有了这个系统，您不仅是在应对变化，更是在引领变化。

从反馈到行动：闭环反馈

收集反馈固然重要，但反馈的真正价值在于如何加以利用。将反馈转化为有意义的行动是任何反馈系统的最终目标。闭环反馈意味着对收到的意见进行回应，根据反馈实施改进，并将这些行动传达给提供反馈的利益相关者。这一过程不仅推动改进，还能建立客户、员工和合作伙伴之间的信任与忠诚。

闭环反馈的重要性

当客户或团队成员提供反馈时，他们贡献了时间、想法和建议。忽视这些反馈或未能采取行动可能会让他们感到不被重视，从而削弱信任并降低未来参与的意愿。相反，闭环反馈表明您重视他们的意见，并承诺将其用于积极的改变。

以星巴克为例，通过"My Starbucks Idea"平台，公司邀请客户分享建议，并实施最佳创意，例如推出新饮品选项或改进忠诚度计划。通过公开承认这些贡献，星巴克表明它在倾听并采取行动，从而增强了客户忠诚度。

如何将反馈转化为行动

将反馈转化为行动的过程包含几个关键步骤。首先，分析收集到的反馈，识别反复出现的主题或关键问题。例如，如果多位客户提到您的餐厅等待时间过长，这表明这一领域需要引起关注。根据反馈的潜在影响确定优先级——哪些改变能显著改善客户或员工体验？

接下来，制定解决提出问题的计划。如果反馈涉及产品质量，这可能需要重新审视生产流程或供应商协议。如果问题与服务相关，则可能需要重新培训员工或调整工作流程。关键是采取切实可行、可衡量的步骤来解决核心问题。

最后，确保传达您采取的行动。透明度在这里尤为重要。让客户和团队成员了解他们的反馈如何影响了您的决策。例如，一家软件公司可以在更新说明中写道："根据您的反馈，我们新增了这一功能以提高可用性。"这种沟通不仅闭合了反馈回路，还鼓励进一步参与。

反馈驱动变革的案例

一些最成功的公司通过有效地将反馈转化为行动建立了声誉。例如：

亚马逊： 不断根据客户评论和偏好优化其平台，从推出"一键下单"到优化配送时间。

丰田： 采用持续改进的"改善"文化，积极实施员工和客户的反馈，以提高产品质量和运营效率。

Slack： 定期根据用户需求更新平台功能，确保工具始终相关且用户友好。

这些公司不仅倾听客户的意见，还付诸行动。这种闭环反馈的承诺使它们在竞争中保持领先，并建立了长期的忠诚度。

行动反馈的挑战

闭环反馈可能面临挑战，尤其是当反馈存在矛盾或涉及大量资源时。例如，客户可能会提出当前预算或时间表难以实现的功能需求。在这些情况下，坦诚沟通并管理期望至关重要。说明您目前能够做的事情以及未来可能实现的内容，表明即使无法立即采取行动，您仍然认真对待反馈。

结论

没有行动的反馈是错失的机会。通过闭环反馈——分析反馈、实施改进并传达您的努力——您可以表明您重视客户、员工和利益相关者的声音。这一过程推动持续改进，加强关系，并为您的业务开辟通往持久成功的道路。请记住，反馈只是开始，真正的转变发生在您采取行动的时候。

第10章：改进、成长：完善与优化

制定商业计划是构建创业之旅的重要一步，但没有任何计划从一开始就是完美的。完善是将好计划变成优秀计划的关键，也是优秀计划为适应现实需求而演变的过程。本章将聚焦于这一重要过程，帮助您适应变化、不断改进，并重新定义您的计划，以确保其保持相关性、可操作性，并与您的目标保持一致。

通往成功的道路很少是直线的。市场在变化，客户需求在变化，新的挑战不断涌现。在这种动态环境中，静态的商业计划很快会变得过时。完善计划让您能够主动应对这些变化，将障碍转化为机遇，并确保您的计划反映最新的洞察和反馈。

在本章中，我们将探讨为什么完善计划至关重要，指导您完成优化计划的实际步骤，并强调完善是一个持续的过程。通过承诺这一过程，您可以确保您的商业计划始终是一个活的文件——随着您的抱负不断适应、改进和演变。

让我们深入探讨如何通过完善和重塑，让您的计划更接近完美，并为您的业务奠定长期成功的基础。

完善是成功的关键

在商业领域，计划从来不是最终定稿——它是一份随着您的目标、市场状况和客户需求不断发展的活文件。完善是重新审视、重新思考并改进计划的过程，以确保其保持相关性和有效性。没有完善，即使最有前景的想法也可能变得停滞不前，或者与市场现实脱节。

为什么完善很重要

完善弥合了理论与实践之间的差距。虽然您的初始商业计划勾勒出愿景，但现实世界往往会带来无法预见的挑战和机遇。完善让您能够适应这些变化，使您的计划更具韧性和可操作性。这不是失败的标志，而是成长的体现。

例如，特斯拉充分利用了完善的力量。特斯拉最初通过推出高端车型Roadster，测试其技术并验证市场需求。随着时间的推移，特斯拉不断优化其策略，引入更实惠的Model 3以扩大受众范围。这种迭代的完善过程帮助特斯拉始终领先于竞争对手，并实现了其宏伟愿景。

作为创新工具的完善

完善不仅仅是解决问题的手段；它也是创新的工具。通过不断重新审视计划，您可以发现新的机遇、优化流程并提升产品或服务的价值。苹果公司在iPhone上的成功正是完善力量的明证。每一代iPhone都基于客户反馈、技术进步和市场趋势进行优化，使产品始终保持新鲜和吸引力。

类似地，小型企业也可以通过完善来提高效率和客户满意度。例如，一家餐厅可能从基础菜单开始，然后根据客户偏好、季节性食材和运营反馈不断优化。这一过程确保企业保持相关性和竞争力。

跳过完善的风险

未能完善您的计划可能会让您面对无法预见的挑战而束手无策。例如，柯达作为摄影领域的先驱，却未能调整战略以迎接数字时代的到来，最终导致了其衰落。完善不仅是一种选择，更是应对瞬息万变的商业环境、实现生存与增长的必要条件。

结论

完善并非承认计划的不完美，而是成功之路上不可或缺的一部分。通过将完善作为一个持续的过程，您可以适应变化、抓住新机遇，并确保您的业务始终走在增长的轨道上。请记住，最成功的企业并不是那些拥有完美计划的企业，而是那些愿意并能够不断完善和改进的企业。让完善成为您的盟友，助您在创业的挑战与机遇中前行。

完善过程：优化计划的实用步骤

完善是从好计划迈向优秀计划的桥梁。它是识别差距、解决弱点并利用机会的过程，以确保您的商业计划尽可能高效和具有弹性。优化计划并不是从头开始，而是通过深思熟虑的调整，使其更接近完美。以下是将您的计划打造成强大成功工具的实用步骤。

1. 用全新视角审视您的计划

完善的第一步是用批判性的视角重新审视您的计划。先暂时放下，稍后再回头查看，或者邀请值得信赖的导师、顾问或同事进行客观评估。自问以下问题：

您最初的假设是否仍然有效？

计划是否反映了最新的市场趋势和客户需求？

策略或执行时间表中是否存在任何空白？

例如，当亚马逊最初作为一家在线书店推出时，杰夫·贝索斯审视了他的原始商业计划，并认识到电子商务的更广阔机会。通过将计划优化以包括其他产品类别，亚马逊成长为今天的全球市场。

2. 融入验证和经验的反馈

来自客户、员工和市场研究的反馈是完善的宝贵资源。利用验证和测试阶段中获得的经验教训，解决计划中的弱点或改进需要增强的部分。例如：

如果客户对定价提出担忧，可以优化定价模型，在不牺牲利润的前提下更好地体现价值。

如果团队成员指出运营效率低下，可以调整工作流程或更有效地分配资源。

Slack的历程是基于反馈优化的完美案例。最初作为一款内部沟通工具开发，Slack的创始人根据用户反馈不断完善产品，将其发展为彻底革新职场沟通的平台。

3. 重新评估财务预测和资源

您的财务预测可能基于计划早期阶段的假设。完善意味着重新评估这些数据，以确保它们符合当前现实。评估以下问题：

您的收入预测是否基于市场验证具有现实性？

是否由于新见解或扩展计划导致成本发生变化？

您的资金是否足以实现目标，还是需要额外的投资？

重新审视这些要素可以确保您的计划在财务上是可靠的，并能够适应潜在挑战。

4. 在小范围内测试调整

在进行大规模改动之前，先在小范围内测试完善措施，以评估其效果。例如：

向有限的受众推出新产品或服务功能，然后再全面推广。

在特定区域试行调整后的营销策略，以衡量其影响。

这种方法能够最大限度地降低风险，并为您的完善决策提供数据支持。丰田的"改善"哲学（Kaizen）正是这种迭代过程的典范，持续的小改进最终带来了长期的重大成果。

5. 与长期目标保持一致

在进行完善时，确保您的调整与更广泛的愿景和目标保持一致。短期趋势或压力容易让人偏离轨道，但坚持使命能让您的业务保持正确方向。例如，如果您的目标是可持续发展，可以优化供应链或产品设计，以符合环保实践。

6. 记录并沟通变化

完善只有在清晰记录和沟通的情况下才会有效。更新您的商业计划以反映新的策略、时间表或目标，并与团队分享这些更新，以确保一致性和责任感。例如，当特斯拉调整战略，专注于扩大Model 3的生产时，团队的清晰沟通和一致性对计划的执行至关重要。

结论

完善过程是将您的商业计划转变为与您的愿景共同成长的动态工具的重要一步。通过重新审视计划、融入反馈和测试变更，您可以适应挑战并抓住机会。完善的目标不是追求完美，而是追求进步。每一次迭代，您的计划都会变得更加具有弹性、可执行性和成功潜力。

完善是旅程，而非终点

在商业世界中，没有所谓的完美计划。市场在演变，客户需求在变化，不可预见的挑战随时可能出现。实现长期成功的关键并不是创建一个无懈可击的蓝图，而是不断完善计划以适应新的现实。完善是一个持续的旅程，它让您的业务始终保持相关性、竞争力，并与目标保持一致。

持续完善的本质

商业计划并不是一份静态的文件，而是一份随着公司发展而不断演变的活指南。昨天奏效的方法，明天可能就不再适用。而能够灵活调整和改进的能力，是将成功企业与停滞不前的企业区分开的关键。完善的本质在于保持灵活性和接受变化，同时专注于核心使命。

以Netflix为例。最初是一家DVD租赁服务，Netflix早早地意识到数字流媒体的趋势。通过不断优化其商业模式并适应新兴趋势，Netflix转型为全球流媒体和原创内容的领导者。这种转变并非一蹴而就，而是通过市场变化和客户反馈驱动的持续完善所实现的。

拥抱成长型思维

将完善视为旅程需要一种成长型思维。不将变化视为修正或失败的承认，而是视为学习和改进的机会。每一次挑战、反馈点或市场变化，都是重新审视并优化计划的机会。

例如，Slack在首次作为职场沟通工具推出时并非完美。团队根据用户反馈不断优化产品，调整功能、提升可用性并增强集成能力。这种迭代过程使Slack成为全球最受欢迎和高效的协作平台之一。

每个增长阶段的完善

完善不仅适用于初创公司，而是贯穿业务生命周期每个阶段的重要实践：

初创公司：在验证创意和收集早期反馈时完善初始计划。

成长型企业：为扩大运营、进入新市场并应对日益复杂的业务需求进行完善。

成熟企业：为保持竞争力、推动创新并满足客户不断变化的需求进行完善。

以可口可乐为例。尽管已取得长期成功，这家公司仍在不断优化其产品线、营销策略和全球运营。这一持续的过程确保其始终是饮料行业的领导者。

停止完善的风险

自满是企业的致命伤。未能持续完善的公司可能落后于竞争对手，甚至在市场中失去相关性。柯达就是一个警示案例。尽管发明了数码相机，但公司却坚持传统胶片业务模式，未能调整战略迎接数字化革命。结果是失去了市场主导地位，并在重拾相关性上经历了漫长的挣扎。

结论

完善不是一次性任务，而是让您的业务具备弹性、适应性和前瞻性的持续旅程。通过接受"总有改进空间"的思维方式，您为企业的可持续增长和成功奠定了基础。请记住，这并不是追求完美，而是不断努力变得更好。在这段旅程中，完善是您在瞬息万变的世界中保持领先的最有价值工具。

第11章：聪明且零风险的测试

测试您的商业想法是创业旅程中最关键的步骤之一。这是理论与现实交汇的时刻——您将发现您的概念是否能与目标受众产生共鸣，流程是否按预期运行，以及定价是否具有可持续性。然而，测试并不一定需要昂贵或高风险。采用聪明且零风险的方式，您可以在不危及资源或声誉的情况下验证您的想法。

本章重点介绍如何高效且战略性地进行测试。聪明的测试意味着使用创造性、低成本的方法来评估您的概念并收集现实世界的洞察力。无论是通过小规模实验、试点项目还是客户反馈，每一次测试都能提供宝贵的信息，用于优化您的想法并降低风险。

我们将探索如何用低预算进行实用测试的方法、聪明测试的策略以及如何通过关键指标衡量成功。到本章末，您将拥有一个清晰的框架，用于运行有意义的测试，从而让您充满信心地迈出下一步。测试不仅仅是为了验证您的想法——它还是一个学习、改进和为增长奠定坚实基础的过程。让我们深入探讨吧。

用低预算测试您的想法

测试您的商业想法是必要的，但并不一定要花费巨额资金。许多企业家认为验证概念需要大量投资，但通过聪明且有创意的策略，您可以在不耗尽预算的情况下获得有意义的洞察力。目标是在保持风险和成本低的同时，收集足够的证据来确认您的想法是否可行。

从小做起，获得大收获

以低成本测试想法的最佳方式是从小规模开始。与其推出一个完全开发的产品或服务，不如专注于创建最低可行产品（MVP）或简化版的产品。这种方法可以让您测试想法的核心要素，同时节省在不必要功能或复杂性上的支出。

例如，Dropbox在推出时，创始人并没有立即构建完整的平台，而是制作了一段简单的说明视频，展示服务的运作方式。令人意想不到的积极反馈验证了他们的概念，并帮助他们获得了开发完整平台所需的资金。这种低成本测试在无需大量前期支出的情况下提供了清晰的结果。

利用免费或低成本工具

数字工具和平台为经济实惠地测试想法提供了绝佳的机会。从建立简单的着陆页到运行社交媒体活动，有无数方法可以在不大规模投资的情况下评估兴趣并收集反馈：

着陆页：使用免费或低成本工具（如Wix、Squarespace或Carrd）创建简单的网页，描述您的产品或服务。包含注册表单或号召性用语，以衡量兴趣。

社交媒体广告：使用Facebook或Instagram等平台，以最低预算针对特定人群运行广告活动。这些小型广告活动可以揭示您的受众如何对您的想法作出反应。

预售：提供您的产品或服务的预订，以测试需求并获得前期资金支持。像Kickstarter和Indiegogo这样的平台让这一过程对任何人都变得可行。

合作与共享资源

测试不必单独进行。与其他企业合作或利用共享资源，可以以更低的成本验证您的想法。例如：

一家食品初创公司可以在共享商业厨房测试配方，或与当地咖啡馆合作，暂时提供其菜品。

一家时尚品牌可以与精品店合作，测试设计并收集客户反馈，然后再决定是否进行大规模生产。

通过利用现有网络和合作关系，您可以降低成本，同时获得有价值的客户洞察力。

创意和实验的重要性

有时，最经济实惠的测试方法也是最有创意的。例如：

快闪店： 在本地市场或活动中设置临时摊位，与客户直接互动，并测试定价、包装和信息传递。

在线市场： 使用Etsy、eBay或Amazon等平台，以最低的运营成本出售产品，在不进行长期投资的情况下测试需求。

社交媒体互动： 向您的受众分享您的想法并邀请反馈。问卷调查、问答环节和民意调查可以免费提供无价的洞察力。

以Costco著名的热狗策略为例。在扩展食品区产品之前，公司通过特定地点测试定价和需求，不断优化方法，直到实现了质量、价格和利润的完美平衡——这一切都避免了大规模推广的风险。

结论

测试您的想法不需要耗费巨资。通过从小规模开始，利用经济实惠的工具，与他人合作并拥抱创意，您可以收集指导下一步行动的有意义洞察力。测试的关键在于聪明工作而不是盲目努力，这些策略帮助您在保留资源的同时验证您的概念。请记住，一个深思熟虑、低成本的测试可以为您提供明确性和信心，助您迈向成功之路。

如何进行聪明测试

聪明测试的核心在于最大化实验的价值，同时将成本和风险降到最低。这不仅仅是运行测试，更是以能提供有意义、可操作洞察为目标来设计测试。聪明测试通过创造性、策略性的方法以及明确的目标聚焦，使您能够高效地验证您的想法。

明确测试目标

聪明测试的第一步是清楚您想了解什么。每项测试都应该有一个明确的目标。您是在验证需求、测试定价策略，还是评估客户偏好？通过聚焦于一个具体问题，您可以确保测试结果具有相关性并可付诸行动。

例如，在Airbnb的早期阶段，创始人通过将自己公寓的空间租给旅行者来测试他们的想法。他们的目标不仅是验证是否有人愿意住，更是了解整个流程中的痛点，并据此优化平台。这个清晰的目标帮助他们打造了一个贴合受众需求的服务。

选择合适的测试方法

聪明测试包括选择与目标和资源最匹配的方法。一些有效的策略包括：

A/B测试：比较产品、网页或广告的两个版本，以确定哪一个表现更好。这种方法特别适合优化信息传递或设计元素。

试点项目： 向一个小而有针对性的受众推出您的产品或服务，以收集反馈并确定改进方向。

调查和焦点小组： 直接与潜在客户互动，了解他们的需求、偏好和购买意愿。

例如，在推出其著名的辣味鸡肉三明治之前，Popeyes在特定地点进行了测试。热烈的反响证实了需求，并帮助公司为更大规模的推广做好准备。

使用真实情境

在真实世界背景下进行测试能够提供最准确的洞察。理论测试或人工环境可能无法捕捉到客户行为的复杂性。聪明测试尽可能地复制真实世界的条件。

快闪店是真实情境测试的一个绝佳例子。一家服装品牌可以设置临时店面，测试设计、定价和客户互动。这些互动中获得的反馈对于在全面推出前优化产品和策略至关重要。

衡量正确的指标

没有跟踪结果的测试就像没有地图的导航。确定能决定测试成败的关键指标。这些指标可能包括：

1. 在线销售或注册的转化率。

2. 调查中的客户满意度得分。

3. 重复购买或互动的留存率。

通过聚焦于相关数据，您可以客观地评估测试结果，并做出明智的决策。

学习并迭代

聪明测试不是一次性的过程，而是一个迭代循环。每项测试都会提供洞察，帮助您为下一轮优化方法。如果测试揭示了意想不到的挑战，利用这些知识调整策略并运行新的实验。这种迭代方法使您能够不断改进和适应。

特斯拉是这一原则的典范。在推出新车型之前，公司会从之前的版本中收集大量数据。客户对Model S的反馈影响了Model 3的设计改进，展示了如何通过学习和迭代实现成功。

通过逐步扩展降低风险

在聪明测试中，重要的是从小规模开始。没有足够数据就快速扩展可能导致高昂的错误成本。相反，先以有限的资源开始，并随着对想法的信心增长逐步扩展。一家餐厅可以在单一地点测试新菜单项，在确保概念完善后再推广到整个连锁店。

结论

聪明测试不是关于进行尽可能多的实验，而是关于以目的性和精准性设计测试。通过明确目标、使用真实情境、跟踪关键指标并采用迭代方法，您可以收集推动业务发展的有意义洞察。聪明测试确保您不仅仅是在学习，而是在高效学习，让每次测试都成为迈向成功的基石。

真实环境中的测试：实践优于承诺

测试的最终目标是了解您的想法在真实环境中的表现。尽管理论规划和市场研究具有重要价值，但没有什么能替代将您的概念置于实际客户和真实环境中进行测试。真实环境中的测试能为您提供有关客户行为、运营挑战和市场需求的重要见解，帮助您在投入大量资源之前做出明智决策。

为什么真实环境中的测试很重要

真实环境中的测试可以让您超越假设，了解产品或服务在实际条件下的运行情况。即使是最完善的计划，也可能无法完全预测人类行为的不可控性或市场动态等外部因素的影响。在真实环境中测试能弥合理论与实践之间的差距，帮助您优化产品并降低风险。

以Warby Parker为例，在开设实体店之前，公司通过快闪店和小型展厅测试了其概念。这种方式让他们了解客户偏好，测试物流，并优化店内体验，而无需承担全面推出的高成本和高风险。

真实环境测试的方法

快闪店或临时地点
快闪店是测试产品、服务和品牌在真实环境中的有效方式。这些临时设置让您可以直接与客户互动，收集反馈并观察购买行为。例如，一家新开的面包店可以在周末农贸市场销售其商品，以评估需求，然后再决定是否开设永久店铺。

试点项目
试点项目允许您向有限的受众或地区推出产品或服务。这种小规模测试能提供有关客户反应、运营挑战和改进空间的宝贵见解。许多科技公司（如Google）通过试点项目测试新功能或平台，然后再进行全面发布。

与现有企业合作
与成熟企业合作可以帮助您在低风险环境中测试概念。例如，一个新的咖啡品牌可以与当地咖啡馆合作，暂时提供其咖啡混合品，收集客户反馈并衡量需求，然后再决定是否开设自己的店面。

在线市场
Amazon、Etsy或eBay等平台为无需实体存在的真实环境测试提供了绝佳机会。通过这些平台销售产品，您可以测试定价、产品描述和客户服务，同时接触广泛的受众群体。

尝试而非承诺的好处

真实环境中的测试能提供理论或受控环境中难以复制的洞察，包括：

客户如何使用您的产品或服务： 他们是否按照预期使用？面临哪些挑战？

最佳定价策略： 客户是否愿意支付您设定的价格，或者他们是否存在抗拒？

运营优势和劣势： 供应链、人员配备或技术系统是否准备好应对真实需求？

通过在真实环境中测试，您可以尽早识别和解决这些问题，从而节省时间、资金和未来的挫折。

从失败中学习

真实环境测试可能会揭示概念中的缺陷，但这些失败是学习和改进的机会。例如，可口可乐在20世纪80年代推出"新可乐"以对抗百事可乐。尽管进行了广泛的市场研究，但在大规模测试中，产品遭遇失败。然而，公司从客户的强烈反应中汲取经验，通过强化"经典可乐"的品牌重新赢得市场地位。

结论

真实环境中的测试是创业过程中不可或缺的一步。通过在真实条件下尝试您的想法，您可以获得规划中无法获取的洞察。无论是通过快闪店、试点项目还是在线市场，先尝试再承诺可以帮助您优化产品、降低风险，并为成功奠定基础。请记住，从真实环境测试中学到的教训不仅仅在于验证您的想法，更在于改进它，确保其能够蓬勃发展。

追踪成功：测试中的关键指标

测试只有在能够衡量结果时才是有效的。追踪成功需要确定并监测与测试目标一致的关键指标。这些指标充当评估基准，帮助判断您的想法是可行、需要调整，还是应该重新考虑。如果对成功的定义不清晰，测试可能变得盲目且无效。

在开始之前定义成功

在开始测试之前，为您的具体实验定义成功的含义。成功指标会根据您正在进行的测试类型而有所不同。例如：

您在测试需求吗？ 通过预订或注册量衡量客户兴趣。

您在验证定价吗？ 查看销售量与定价结构之间的关系。

您在评估可用性吗？ 跟踪客户的参与度和满意度水平。

设定明确的目标可以确保您知道要关注什么，并为分析结果提供框架。

测试期间需要监控的关键指标

客户参与度

参与度指标反映客户如何与您的产品或服务互动。这包括网站访问量、在平台上花费的时间或在快闪店的互动情况。例如，一款新应用可能通过跟踪下载量和日活跃用户数量来评估初步兴趣和可用性。

转化率

转化率表示采取目标行为（如购买、注册或完成调查）的人数比例。高转化率表明您的产品或服务吸引了受众，而低转化率则显示需要改进的领域。

客户反馈和满意度

来自客户的直接反馈为定量指标提供了定性见解。通过监控客户评论、调查回答和社交媒体提及，了解客户的体验和满意度水平。

收入和利润率

对于涉及销售的测试，跟踪您的收入和利润率，以确保定价模式和运营成本具有可持续性。例如，一辆食品车在测试新菜单项时可能会分析销售量与成本收益比，以决定这道菜是否应保留在菜单中。

留存率和重复参与

如果您在测试一项持续性服务或订阅模式，留存率至关重要。有多少客户在初次互动后会回来？与一次性销售相比，留存率往往是长期成功的更强指标。

利用指标推动决策

追踪指标只是第一步，真正的价值在于分析数据并将其转化为可操作的见解。寻找揭示工作成效及改进空间的模式和趋势。例如：

如果转化率高但客户满意度低，可能表明营销有效，但产品或服务需要改进。

如果客户参与度强但销售疲软，您的定价或价值主张可能需要调整。

特斯拉在测试新车型时密切监控诸如预订数量和生产成本等指标。这些洞察力指导了生产扩展或设计变更的决策。

基于结果进行迭代

指标不仅仅是成绩单——它们还是持续改进的工具。利用测试数据优化您的想法并重复这一过程。每一次迭代都让您离市场就绪的产品或服务更近一步。测试和追踪是一个循环过程，每一轮分析为下一阶段开发提供信息。

结论

通过关键指标追踪成功是测试期间做出明智决策的关键。通过关注客户参与度、转化率、反馈、财务表现和留存率，您可以全面了解您的想法的潜力。指标提供清晰性、方向性和继续前进或调整方向的信心。请记住，测试不仅仅是为了验证您的想法，而是为了利用数据优化和完善它。有了合适的指标，您将能够将您的愿景转化为蓬勃发展的现实。

零风险测试：降低风险，最大化洞察

测试是将您的商业想法变为现实的关键步骤，但这一过程并非毫无风险。管理不当的测试可能导致资源浪费、声誉受损，或因不完整的数据做出错误决策。零风险测试并不是消除所有潜在挑战，而是通过精心设计实验，最大限度地减少可能的负面影响，同时最大化所收集洞察的价值。

认识测试中的风险

零风险测试的第一步是认识到每个测试都具有固有的风险。这些风险可能包括因资源分配不当导致的财务损失，或因客户体验不佳而引发的声誉受损。了解这些风险可以帮助您在设计测试时采取防护措施，确保您获得所需的学习成果，而不会危及业务的未来。

以小规模和可控方式降低财务风险

降低财务风险的一种明智方法是保持测试的规模小且可控。与其在大规模推广中投入巨资，不如从原型或试点项目开始。例如，一家餐厅可以将新菜单项作为特定地点的特色菜进行测试，然后再决定是否将其加入整个连锁菜单。这种方式让企业能够评估客户兴趣并收集反馈，而无需投入大量资源或进行重大变更。

确保数据的准确性和意义

零风险测试的另一个关键是确保使用准确且有意义的数据。设计不良或基于错误假设的测试可能导致错误结论，从而浪费精力或做出错误决策。为避免这种情况，为测试阶段设立明确目标。定义成功的标准，并确定用于衡量结果的关键指标。例如，如果您在测试新产品，指标可能包括销售数据、客户反馈和重复购买率。

沟通在降低风险中的作用

沟通在降低测试风险中也起着重要作用。与测试参与者保持透明，无论他们是客户、团队成员还是合作伙伴。向他们解释您处于测试阶段，并邀请他们提供真实的反馈。设定正确的期望可以帮助管理潜在的不满或误解。

制定应急计划

零风险测试还包括制定应急计划。并非所有测试都能产生积极结果，这并没有关系——只要您做好应对的准备即可。如果测试失败，分析其背后的原因，并利用这些洞察优化您的方法。记住，失败的测试并不是浪费努力，只要它提供了指导您下一步行动的宝贵教训。

例如，当Airbnb首次测试其概念时，创始人面临让用户信任陌生人进入自己家的初期挑战。与其放弃这个想法，他们根据用户的担忧优化了平台，增加了如用户评价和房东保障等功能。这种迭代方法将可能的重大风险转化为业务的核心优势。

注意测试对声誉的影响

即使在测试阶段，客户也期望一定程度的质量和专业性。确保您测试的产品或服务达到基本标准，以避免疏远潜在客户或损害品牌形象。

结论

零风险测试的核心是战略性、适应性和充分准备。通过小规模起步、设定明确目标、使用准确数据并制定应急计划，您可以在收集所需洞察的同时最大限度地降低风险。测试不仅仅是过程中的一个步骤，它更是学习、适应并加强业务基础的机会，为长期成功奠定基础。

第三步：点火－真正的创建

第3步"点火"是您的愿景，首次以有形形式呈现的阶段。点火，也可称为点燃，或启动。在这一阶段，您的业务从一个想法转变为一个运行实体，将准备工作与实际行动结合。这不仅仅是一个开始，而是以目标、精准和可持续性为核心的启动过程。您在这一阶段所做的决定将奠定业务运营的基础，支持未来的增长，并定义早期的成功。

"点火"涵盖了设置业务空间、组建强大团队以及建立可靠的供应商和分包商网络的实际步骤。这些要素确保您的运营平稳进行，并使您能够为客户提供卓越的价值。您在此阶段所做的每一项决策——无论是关于地点、团队动态，还是供应商关系——都具有长期的影响。

但点火阶段不仅仅涉及后勤安排，还包括时机和策略。一个精心策划的试营业可以让您在可控环境中测试流程，而一次精心策划的开业大典则可以为您的业务带来强大的影响力，将其推向公众。这些里程碑标志着从准备到运营的过渡，同时为您在扩展之前优化方法提供了机会。

盈利、营销和合规在这一阶段同样至关重要。了解收入与利润的区别、保护现金流以及多样化收入来源可以确保财务健康。同时，有针对性的营销策略可以让您的努力更加专注、高效且具有影响力。在此过程中，遵守法律和税务义务可以保护您的业务免受不必要的风险。

最后，这一步强调零风险的创建。启动业务本身具有风险，但通过制定正确的策略，您可以最大限度地降低潜在问题，同时提高成功的可能性。通过深思熟虑和战略性的方式处理这一阶段，您为创建一个能够蓬勃发展的业务奠定了基础。

第3步不仅仅是关于启动，而是关于聪明地启动。接下来，让我们深入探讨每一章的细节，确保您的业务点火过程平稳且成功。

第12章：启动的关键要素

启动一项业务是一个转型的时刻——计划变成行动，想法转化为实体或运营形态。但启动不仅仅是开门营业；更重要的是建立一个确保顺利运营和未来增长的坚实基础。本章《启动的关键要素》聚焦于您在向世界推出业务之前需要建立的关键内容。

本章将探讨启动阶段的基本构建模块：如何获得并准备合适的实体或虚拟空间，为您的业务配备高效运营所需的工具和技术，以及如何应对保护您业务的法律和监管要求。这些方面每一个都需要精心规划和执行，以确保您不仅仅是开始，而是以强有力的方式开始。

我们还将探讨优先事项的艺术。并非所有事情在开始时都需要完美，了解当前最重要的事项可以为您节省时间、金钱和压力。有些任务和投资可以等到您的业务运行后再进行，这样您可以专注于真正对成功启动至关重要的部分。

启动阶段是梦想与现实交汇的地方。通过深思熟虑和战略性地处理这些关键要素，您可以为业务奠定坚实的基础，最大限度地降低风险并提升成功潜力。让我们开始探索将您的愿景转化为繁荣运营的第一步吧。

空间：办公室、商店或仓库

为您的业务选择合适的物理或运营空间是您将面对的第一个重要决策之一。无论是零售店、仓库、办公室，还是这些的组合，您做出的选择都会深刻影响业务的运作方式及其被感知的方式。但这个决策不仅仅是为了选定一个地点，而是要让您的空间与业务模式、目标以及增长轨迹保持一致。

从创新者中学习：Apple的大胆零售策略

在Apple于2001年开设第一家零售店之前，一家科技公司大规模投资专属品牌零售店的想法几乎闻所未闻。当时，大多数手机公司依赖第三方零售商或运营商门店销售其设备。然而，Apple意识到，他们的产品需要一个专属空间，客户可以在一个精心控制的环境中体验完整的Apple生态系统——设计、创新和功能性。

这一决定不仅仅是为了销售产品，更是为了创造一种独特的客户体验，强化Apple的品牌和理念。Apple Store成为一个目的地，提供产品的互动体验、个性化服务以及客户教育的空间。通过重新定义科技公司对空间的需求，Apple革新了科技行业的零售方式，建立了世界上最赚钱的零售链之一。

仓储巨头的崛起：京东和亚马逊

在另一端，电子商务平台如京东和亚马逊重新定义了企业对仓储和物流的看法。尽管早期的电子商务主要依赖第三方配送服务，但这两家公司认识到，拥有自己的仓库和配送网络可以简化运营，并提高客户满意度。

京东在中国建立了一个覆盖广泛的配送仓库网络，即使在偏远地区也能实现快速可靠的交付。与此同时，亚马逊开发了标志性的配送中心，在这些中心，技术与效率驱动着其运营。通过掌控自己的仓库和配送网络，这些公司不仅满足了客户的期望，还设定了新的标准，许多地区提供当日甚至两小时配送服务。

对于初创企业来说，这些例子强调了深思熟虑地考虑空间需求的重要性。您是否需要零售存在来直接与客户互动？或者仓库对于管理库存和确保物流顺畅是否不可或缺？又或者，您的业务是否最适合通过小型办公室处理行政事务，同时依赖虚拟平台与客户建立联系？

您现在真正需要什么？

作为创业者，很容易被闪亮的零售空间或宽敞的仓库所吸引。但真正的问题是：在这个阶段，您真的需要它吗？例如：

如果您正在推出一家在线服装店，可能可以从家庭办公室开始，利用第三方履约服务，而不是立即投资自己的仓库。

如果您正在开设一家咖啡店，选择一个人流量大的小型舒适空间，可能比大而昂贵的地点更合理。

思考您的空间需要满足的核心功能。它是否主要面向客户，比如Apple Store？还是以运营为中心，比如亚马逊的配送中心？了解您需要什么，以及您不需要什么，可以为您节省大量资源，并为更聪明的增长奠定基础。

时机至关重要

您今天需要的空间可能不是您明天需要的空间。许多成功的公司都从小做起，专注于功能性和可扩展性。例如，亚马逊最初是在车库里起步的，随着业务的增长才逐步扩展到仓库。同样，京东最初是一家单一的实体店，然后转型为电子商务并投资于强大的仓储网络。

关键在于优先排序。并不是每个企业都需要立即拥有专属的零售店或仓库。有些需求可以外包或延后，直到业务实现稳定的收入流。评估您的当前阶段和长期愿景，可以确保您对空间需求做出明智的决策。

结论

为您的业务选择合适的空间不仅关乎运营的地点，还关乎如何服务客户、管理运营以及为增长定位。无论您从Apple专注于独特零售体验中获得灵感，还是从亚马逊对运营卓越的追求中受到启发，教训显而易见：您的空间应该与业务目标一致，并随着业务增长而调整。聪明地开始，战略性地思考，并建立支持您愿景的基础。

资源：工具、软件、设备

为您的业务配备资源是成功启动运营的关键步骤。无论是生产工具、管理软件，还是物流设备，拥有合适的资源会直接影响您的效率和生产力。然而，为业务配备资源不仅仅是简单地购买所有需要的东西，而是需要在功能性、成本和时机之间做出平衡的决策。

购买、租赁，还是外包？

为您的业务配备资源时，首先需要决定是购买、租赁还是外包。每种选择都有其优点和权衡：

购买：拥有设备能带来长期价值，但需要大量前期成本。这是一个适合那些经常使用的必要设备的好选择。

租赁：通过租赁设备将成本分摊到较长时间内，保护现金流的同时还能使用高质量的工具或机器。例如，许多小型企业租赁办公室打印机或重型机械以节省前期支出。

外包：对于偶尔或专业化需求，外包可能是最明智的选择。与其投资昂贵的设备，不如雇用已经拥有并维护必要工具的专业人员。这种方式在建筑业和数字营销等行业中很常见，因为专业知识和设备通常紧密相关。

以特斯拉为例。在早期阶段，公司将某些零部件的生产外包给第三方供应商，而不是为所有零部件建造工厂。这让特斯拉可以将资源集中在核心技术的开发上。

自行开发软件的隐藏挑战

在软件方面，自行开发定制解决方案的诱惑可能很大。尽管拥有量身定制的软件听起来很吸引人，但这是一项巨大的工程。开发自己的软件通常会带来意想不到的挑战：

成本超支： 由于不可预见的复杂性或需求的变化，开发成本往往会超过预算估算。

延迟： 软件项目常常比预期花费更长时间，从而延误业务运营。

功能缺失： 初始版本可能缺乏功能或稳定性，需要持续投资来修复漏洞并增强可用性。

相反，可以考虑从现成的软件入手。像QuickBooks（会计）、Shopify（电子商务）和Slack（团队沟通）这样的SaaS平台提供了经济可靠且易于实施的工具。对于初创企业来说，这些工具通常能提供所需的所有功能，而无需定制开发的烦恼。

创建全面的设备清单

在购买或租赁任何东西之前，创建一个详细的工具、软件和设备清单。这有助于您确定哪些是必要的，哪些可以等待，以及是否存在替代方案。例如：

工具和设备： 机器、办公家具、车辆或生产工具。

软件： 会计软件、库存管理系统、客户关系管理（CRM）平台。

专用设备： 行业特定的工具，例如面包店的商业烤箱或医疗诊所的诊断设备。

拿着清单，研究成本，包括二手设备的选择。二手设备可以为您节省大量资金，特别是办公桌椅或生产工具等物品。许多企业从二手物品开始，以节省资本用于其他需求。

分阶段思考

为您的业务配备资源并不意味着第一天就需要所有东西。考虑您的业务当前的需求与可以随着增长而添加的内容。例如：

一家咖啡店可能从基本的意式浓缩咖啡机开始，随着需求增加再引入冷萃设备。

一家电子商务商店可能从手动库存跟踪开始，随后在销售量增长时投资于自动库存系统。

这种分阶段的方法可以保护现金流，减少前期投资，并根据实际需求进行调整。

创造性地考虑替代方案

有时，最佳解决方案不是最显而易见的。例如：

共享资源： 加入共享工作空间或共享工业设施，使用3D打印机、会议室或商业厨房等设备。

开源软件： 免费软件如GIMP（图片编辑）或LibreOffice（文档创建）可以在不降低功能的情况下节省成本。

短期租赁： 对于季节性业务，在高峰期租赁设备比全年拥有设备更经济。

结论

为您的业务配备资源不仅仅是列购物清单，更是需要战略性思考。通过评估是否购买、租赁或外包，了解软件开发的挑战，并创建全面、分阶段的计划，您可以在保护现金流的同时优化资源。明智地选择您需要的资源、何时需要以及如何获得这些资源。通过周密的计划，您可以在不超支的情况下为业务的效率和增长奠定基础。

应对法律和监管要求

遵守法律和监管要求是创业和经营业务中最关键的环节之一。虽然这可能不是创业中最吸引人的部分，但忽视这些责任可能导致罚款、法律纠纷，甚至是企业倒闭。理解并解决法律合规问题可以确保您的运营建立在坚实的基础上，保护您的公司和客户。

了解您的法律义务

每个企业都在特定的法律和法规框架内运作，而这些要求因地点、行业和业务性质而有所不同。例如：

企业注册：您可能需要向地方、州或国家当局注册您的企业，具体取决于您的司法管辖区。

许可和执照：一些特定行业（如食品服务、医疗保健或建筑）通常需要特殊许可证才能合法运营。

税务注册：确保注册适当的税务账户，例如销售税、所得税或员工工资税。

当优步（Uber）首次扩展其网约车服务时，由于非传统出租车的法律法规不明确，公司在多个市场面临法律挑战。通过与政策制定者合作并调整运营模式，优步克服了这些障碍并重塑了行业。这一例子强调了了解监管环境并做好适应准备的重要性。

寻求专业指导

法律要求可能很复杂，创业者通常难以独自应对。聘请律师或法律顾问可以帮助您确保合规，并避免代价高昂的错误。专业人士可以协助：

起草员工、合作伙伴和供应商的合同和协议。

就知识产权（IP）保护（如商标或专利）提供建议。

审查办公室或零售空间的租赁协议。

户外服装公司巴塔哥尼亚（Patagonia）将品牌建立在可持续性和环境伦理之上。为了使运营与其价值观保持一致，公司高度依赖法律专家来应对认证、环境法律和可持续采购法规。这种积极的做法帮助巴塔哥尼亚维护了其信誉，并坚持其使命。

不合规的成本

未能遵守法律要求可能导致严重后果，包括罚款、诉讼或声誉受损。例如，2019年，因侵犯隐私规定，Facebook被美国联邦贸易委员会罚款50亿美元。虽然大多数小企业不会面临如此大规模的处罚，但即使是小的违规行为也可能扰乱运营并削弱客户信任。

为避免这些问题：

定期审计您的法律法规合规情况。

关注可能影响业务的立法变化。

投资于使合规更容易的系统和流程，例如准确计算税收的工资软件。

根据行业量身定制合规措施

不同行业有其独特的监管挑战。例如：

食品和饮料： 餐馆和咖啡馆必须遵守健康和安全标准，如获得食品处理认证并通过卫生检查。

电子商务： 在线业务需要解决数据隐私法律，例如欧洲的《通用数据保护条例》（GDPR）。

房地产： 房地产经纪人和中介必须遵守许可要求和披露法律。

如果您进入的是一个受监管的行业，请熟悉适用于您的行业的一般规则和具体规定。

为国际运营做好准备

如果您计划扩展到全球市场，则需要考虑额外的法律因素。这些可能包括：

1. 进出口法规。

2. 遵守不同国家的劳动法。

3. 在国际上注册商标以保护您的品牌。

亚马逊在全球市场的扩展需要仔细应对各国不同的税法、劳动标准和产品法规。通过投资法律专业知识和建立本地合作伙伴关系，亚马逊在保持合规的同时建立了全球影响力。

结论

应对法律和监管要求可能令人望而生畏，但这是建立可持续业务的重要组成部分。通过了解您的义务、寻求专业指导以及根据您的行业量身定制合规措施，您可以避免代价高昂的错误，并自信地运营。请记住，合规不仅仅是为了避免处罚，更是为了建立一个值得信赖、有声誉的企业，使其在任何市场中蓬勃发展。

哪些事必须现在做，哪些可以稍后再做

启动一项业务是一个既令人兴奋又充满挑战的过程，但面对无穷无尽的待办事项清单，很容易感到不知所措。在众多需要处理的任务中，并非所有事情都需要在第一天完成。成功而高效地启动的关键在于优先处理最重要的事项，将非必要任务留到后续阶段。这种方法有助于节约资源、保持专注，并减少不必要的压力。

首先关注核心事项

在创业初期，优先处理那些直接影响您为客户提供产品或服务能力的任务。这些是帮助您开始创收和建立声誉的关键要素：

法律和监管要求： 确保您的业务已注册、获得许可并符合所有必要的法规。

核心设备和工具： 投资于运营中必不可少的工具、软件和设备，以确保业务顺利开展。

客户接入渠道： 建立销售渠道，无论是实体店、在线平台，还是服务热线。

想想亚马逊如何作为一家在线书店起步。杰夫·贝佐斯（Jeff Bezos）专注于打造一个简单实用的电子商务平台，并与书籍分销商建立合作关系。精美的品牌设计、先进的物流系统以及多样化的产品提供都是后来的事，但销售图书的基础是其起步的关键。

哪些可以稍后再做

有些业务方面虽然重要，但并不需要立即处理。这些任务可以随着您的业务增长逐步引入：

完善品牌设计： 虽然一个名字和标志很重要，但您不需要在品牌设计上立即投入大量资金。专注于为客户提供价值；品牌形象可以随着时间的发展逐步演变。

扩展产品或服务： 抵制推出广泛产品或服务的冲动。从一个核心产品开始，精心打磨后再根据客户需求逐步扩展。

升级办公室： 时尚的办公室或展示厅可以等到现金流稳定后再考虑。许多成功的初创公司起步于车库、共享空间，甚至是家里的厨房桌。

以特斯拉为例。在推出第一辆车Roadster时，公司并未立即建设其超级工厂。相反，特斯拉专注于测试其概念并创收，待需求和资金到位后才投资生产基础设施。

创建分阶段计划

为了避免试图一次性完成所有任务的陷阱，为您的业务发展创建一个分阶段计划。将任务分解为即时需求、短期目标和长期项目。例如：

即时需求： 完成法律手续、采购必要设备并建立客户接入渠道。

短期目标：制定营销策略、优化运营并扩展客户覆盖范围。

长期项目：投资专有软件、扩展运营规模并多样化收入来源。

这种分阶段的方法可以确保资源被高效利用，并让您在面对新的机会或挑战时能够灵活调整。

为增长保留资源

通过专注于当前重要的任务并推迟非必要事项，您可以为未来的增长保留现金流和精力。过早过多地投入资源可能会给预算带来压力，使您容易受到意外开支的影响。

Costco对其美食广场的策略就是一个很好的例子。虽然该连锁店提供的菜单有限但深受欢迎，它更注重效率和客户满意度，而不是不必要地扩展产品。这种专注让Costco在保持盈利的同时提供了价值。

结论

启动一项业务不仅是执行任务的过程，更是优先排序的艺术。通过专注于即时需求、推迟非必要事项并采用分阶段的方法，您可以在不超负荷的情况下为成功奠定基础。请记住，今天最重要的是建立一个稳固的基础——其他事情可以随着时间的推移逐步实现。以目的和耐心推进，确保每一步都能巩固您的业务。

第13章：打造推动业务发展的团队

每个成功企业背后，都有一支团队在分享愿景、推动目标并以技能和敬业精神处理日常运营。打造这样的团队不仅仅是招聘员工，更是组建一群才能、价值观和工作态度与企业目标一致的人才。您的团队不仅仅是成本支出，更是对公司未来的投资。

组建团队的过程是多方面的。首先需要明确角色和职责，以确保清晰和高效。在此基础上，您需要对谁应该被雇佣以及如何公平地补偿他们做出战略决策。平衡经验与潜力、全职雇佣与任务外包之间的关系，需要您仔细权衡企业的短期需求和长期目标。

然而，打造一支强大的团队远不止招聘那么简单。文化契合度、忠诚度和参与度对于营造员工感到被重视和有动力的环境至关重要。为员工提供职业发展的机会，不仅可以提升团队能力，还能增强他们对企业的承诺。相反，了解何时以及如何与不能有效贡献的团队成员分开，同样是保持高效团队的关键。

在本章中，我们将探讨打造一支不仅为您的企业工作，而且积极推动其繁荣发展的团队的关键要素。无论您是组建首批员工还是扩展现有团队，这些见解将指导您创建一支与您的愿景一致、并随时准备为成功贡献力量的团队。

明确职位与角色：构建稳固的团队架构

清晰的团队架构是任何成功企业的支柱。明确职位和角色可以确保每个团队成员都清楚自己的责任，减少混乱，提高效率。没有稳固的结构，即使是最有才华的团队也可能难以协同工作，从而导致低效和错失机会。

为什么明确角色很重要

清晰的角色能提供方向感。当员工了解自己的职责以及他们的工作如何促进企业整体目标时，表现会更佳。例如，在亚马逊早期，杰夫·贝佐斯（Jeff Bezos）精心定义了初始团队的角色，确保每位成员专注于特定任务，例如网站开发、供应链管理或客户服务。这种清晰度使团队即便在公司快速扩展时仍能高效运作。

明确的架构还能防止工作重复和资源浪费。没有清晰界限时，团队成员可能重复劳动或忽略关键任务。例如，在餐厅中，分配特定角色（如主厨、厨房助手、服务员和接待员）可以确保运营顺畅并提供优质的客户服务。

明确职位与角色的步骤

了解业务需求
首先，识别您的业务所需的任务和职能，这将因行业而异。例如：

1. 咖啡店可能需要咖啡师、收银员和经理。

2. 科技初创公司可能优先考虑开发人员、市场营销人员和客户支持。

将相似职能分组
将相关任务组织为一个角色。例如，行政职责（如排班和记账）可以归为"运营经理"，而与品牌推广和活动相关的任务可以归为"市场协调员"。

编写详细的职位描述
为每个角色创建清晰的职位描述，内容包括：

职责：该角色需要负责的事项。

必要技能：胜任该职位所需的资格。

汇报结构：该角色向谁汇报，以及是否有下属。

考虑业务增长
设计结构时要考虑可扩展性。随着业务增长，角色可能需要调整，或者需要新增职位。例如，一个小型网店可能会将市场营销和客户服务合并为一个角色，但随着销售额的增加，这些职能可能需要分开。

适应团队成员的优势

虽然明确角色很重要，但灵活性同样关键。在组建团队时，考虑员工的独特优势和技能。例如，如果您雇用了一位咖啡师，且他擅长社交媒体管理，您可以为其分配额外的营销职责，将角色与业务需求相结合，充分利用其才能。

成功团队架构的案例

特斯拉的跨职能团队：
特斯拉采用扁平化的组织结构，并强调跨职能团队。这种方式鼓励部门之间的合作，特别是在产品开发中，能够更快地解决问题。

Costco的精确岗位分工：
在Costco，每个角色都清晰定义，从收银员、理货员到会员经理。这种精确性确保了其仓储运营的各个方面都能顺利进行，并为其高效的声誉奠定了基础。

避免常见陷阱

角色过于繁杂： 避免创建"包罗万象"的职位，将过多职责合并到一个角色中，这可能导致员工过劳和表现不佳。

忽视责任分配： 确保每项任务都有明确的负责人。模糊不清会导致重要工作被忽视。

忽略团队反馈： 与员工讨论他们的角色。他们可能会提供关于如何更有效地安排任务的重要见解。

结论

明确职位和角色不仅仅是行政任务，更是业务成功的战略基础。通过将团队架构与业务目标对齐并开放接受调整，您可以创造一个让每个成员高效贡献的环境。一个清晰、经过深思熟虑的架构使企业能够平稳运营，应对挑战，并实现长期增长。

为什么他们为你工作？

组建一支敬业且充满动力的团队，不仅仅是找到合适的人才，还在于理解是什么驱使他们加入你的企业、留在企业中并全力以赴。员工、合作伙伴和承包商为你的事业投入了他们的时间、技能和精力，而作为回报，他们期望获得的不仅是公平的薪酬，还有有意义的回报、成长机会和认可。平衡财务、情感和职业激励可以确保你的团队始终保持投入，并对企业的成功充满热情。

薪酬：不仅仅是一张工资单

公平的薪酬是人们为你工作的基础。薪酬不仅关乎满足基本需求，更反映了你对他们贡献的重视。但薪酬结构可以有多种形式，根据团队和行业量身定制，能让你在竞争中占得先机。

基本工资+佣金： 这种方式在销售类岗位中很常见，例如房地产经纪人或零售店员工。他们既能获得稳定的收入，又能通过佣金激励提高业绩。例如，房地产经纪人通常通过每次交易的提成获得报酬，这激励他们努力促成交易并为企业创造更高收入。

基于绩效的奖金： 奖励员工完成或超越特定目标，将他们的利益与企业的成功挂钩。例如，特斯拉将高管的薪酬与绩效里程碑挂钩，从而推动了有利于公司和员工的成果。

分红和股票期权： 对于股东或关键员工，提供分红或股票期权是一种长期的财务激励。亚马逊早期员工通过股票期权获得了巨大收益，这不仅吸引了人才，也确保了他们对企业发展的承诺。

额外福利： 除了薪酬之外，提供牙科、视力保险、退休计划或住房津贴等福利可以让你的企业更具吸引力。例如，谷歌提供的免费餐点、现场医疗服务和慷慨的假期政策，增强了员工忠诚度并营造了积极的工作环境。

使命与认可：情感驱动力

虽然财务激励很重要，但许多员工更看重工作中获得的使命感和认可感。人们希望自己的努力能对有意义的目标做出贡献，并希望他们的付出能够被认可。

清晰的使命： 像特斯拉这样的企业通过将员工的工作与使命联系起来来激励员工——推动世界向可持续能源的转型。员工因为相信自己是更大目标的一部分而受到驱动。

认可计划： 通过颁发奖项、公开表扬或小型奖励来表彰贡献，可以提升员工士气。例如，星巴克鼓励经理认可员工的里程碑，营造了一种感恩的文化。

职业成长机会： 如果员工能看到明确的晋升路径，他们会更有可能保持积极性。提供培训项目、晋升机会或导师支持，表明你对员工发展的重视。

灵活性与生活方式福利

营造一个支持性和包容性的工作环境，可以让你的企业脱颖而出。人们重视灵活性和生活质量，提供这些福利可以使你的企业成为更吸引人的工作场所。

假期与休假： 慷慨的假期政策或无限休假计划（如Netflix提供的政策）表明对员工的信任，并有助于防止倦怠。

交通和住房福利： 提供公司车辆、住房津贴或通勤补贴，可以减轻员工的个人开支并提升工作满意度。例如，许多科技公司为硅谷这样的高成本地区的员工提供住房津贴。

工作与生活平衡： 灵活的工作时间或远程办公选项对平衡职业和个人责任的员工非常有吸引力。疫情后，提供混合或远程工作模式的企业尤其受到青睐。

为合作伙伴和股东量身定制的回报

当股东或合作伙伴直接参与企业运营时，薪酬需要更有针对性。如果他们在公司工作，应通过以下方式给予公平回报：

薪资： 支付薪水以确保他们的时间和专业知识得到补偿。

利润分成或额外分红： 提供额外的利润分成，认可他们作为投资者和贡献者的双重角色。

长期激励： 期权或股份将他们的成功与公司未来表现联系在一起。

如果缺少这些回报，股东可能会感到不被重视，尤其是在公司早期阶段利润尚未显现时。

按需聘用专业人士

并非所有角色都需要永久员工来填补。一些职能（如法律咨询、会计或IT支持）可以按需聘用。例如：

律师： 雇佣法律专业人士处理特定任务，如起草合同或解决争议。

会计师： 在报税季节或需要管理工资时使用兼职会计师。

自由职业者和承包商： 对于基于项目的工作，自由职业者提供了灵活性和专业知识，而无需长期承诺。

这种方法有助于管理成本，同时确保关键任务由专业人士完成。

结论

人们为你工作的原因，归根结底在于公平的薪酬、有意义的回报和令人愉悦的工作环境。通过竞争力强的薪资、佣金、分红、福利或认可计划，你的目标是让团队感到被重视和受到激励。当你优先考虑他们的成长、福祉和使命感时，他们将被激励以最佳状态工作——这正是构建一支强大、敬业团队的关键所在。

经验与潜力：聘用老手还是培养新手？

组建一支强大的团队时，往往面临一个基本问题：是聘用经验丰富的专业人士，还是投资于培养有潜力但经验不足的新手？这两种方法各有优劣，选择取决于你的业务需求、目标和资源。理解经验与潜力之间的权衡，可以帮助你制定符合企业愿景的平衡招聘策略。

选择经验丰富的专业人士的理由

经验丰富的专业人士可以为你的业务带来即时的价值。他们在以往的工作中积累了技能，几乎不需要培训即可直接上手工作。对于时间和专业知识通常短缺的初创企业而言，聘用经验丰富的人才可能会带来颠覆性的改变。

效率与专业能力：专业人士知道如何应对挑战、避免常见的陷阱并迅速交付成果。例如，当霍华德·舒尔茨接管星巴克时，他从成熟的零售连锁企业招聘了经验丰富的管理者，以提升公司快速扩张过程中的运营效率。

可信度：在金融、法律或技术等对专业知识要求较高的行业，聘用经验丰富的人才可以提升企业的可信度。一支专业团队可以让投资者、客户和合作伙伴更有信心。

然而，经验丰富的员工通常期望更高的薪酬，他们既定的工作方式可能需要调整以适应企业文化或创新流程。

挖掘有潜力新人的价值

新员工，尤其是那些经验较少的员工，可以为企业注入活力、热情和新的视角。虽然他们可能需要更多的培训和指导，但他们通常能在重视创造力和适应力的环境中表现出色。

成本效益高：招聘和培训经验较少的候选人通常更具经济性，这对预算有限的初创企业来说是一个有吸引力的选择。例如，麦当劳成功地实施了培训计划，将入门级员工培养成高度熟练的团队成员。

可塑性人才： 新手较少受到过往工作习惯的影响，更愿意接受企业文化和系统。例如，Airbnb 在早期招聘了年轻人才，组建了一支能够接受公司非传统酒店服务模式的团队。

长期承诺： 与企业共同成长的员工更有可能保持忠诚，为企业长期提供稳定的劳动力。

挑战在于，培训新员工需要投入时间和资源，同时也存在部分员工可能无法适应或达到期望的风险。

找到适当的平衡

许多成功企业采用了经验丰富的专业人士与新手人才的混合策略，从中发挥双方的优势。例如：

亚马逊 将资深高管与通过内部发展项目培养的新毕业生相结合，确保企业既能受益于深厚的专业知识，也能获得新颖的创意。

特斯拉 招募世界级工程师，同时培养内部人才，确保创新与延续性并存。

为了实现这种平衡，可以考虑以下因素：

当前需求： 如果你的企业需要专业技能或需要赶紧完成紧迫的任务，优先聘用经验丰富的人才。

预算限制： 对于非关键岗位，考虑招聘有高潜力的经验较少的候选人。

发展计划： 投资于培训项目，为企业培养一支能够共同成长的人才储备。

导师制与协作

无论你选择雇佣谁，促进经验丰富的专业人士与新人之间的协作，可以创造一个知识共享的动态环境。资深员工可以担任导师角色，传递他们的专业知识，同时从年轻同事的新视角中获益。

例如，谷歌 的内部培训项目将经验丰富的员工与新员工配对，创建了一个互惠互利的学习环境。这种方法不仅提升了技能，还加强了团队的凝聚力。

结论

在经验丰富的专业人士与高潜力新手之间做出选择，并没有一成不变的答案。这需要对企业当前需求、长期目标和资源的深入理解。经验丰富的员工带来可信度和效率，而新人则提供适应力和热情。通过找到适当的平衡并促进团队间的协作，你可以组建一支结合两者优势的团队，推动企业迈向持续成功。

招聘与外包：找到最佳平衡点

在建立业务时，最重要的决策之一是选择聘用员工还是将任务外包给外部专业人士或公司。这两种方法各有优劣，正确的选择取决于你的业务模式、增长阶段以及具体任务的需求。在招聘和外包之间找到适当的平衡点，可以节省成本，提高效率，并确保业务顺利运行。

何时选择招聘

全职或兼职聘用员工通常是最适合处理与业务运营紧密相关的角色。这些角色需要与公司目标、文化和日常活动深度契合。

核心业务功能： 对于产品开发、客户服务或销售等直接影响业务声誉和成功的核心任务，内部团队更为合适。

长期需求： 如果某一角色需要长期关注或持续发展，招聘能确保连贯性。例如，餐厅需要定期聘请厨师和服务员，因此招聘是逻辑上的选择。

建立专业性和忠诚度： 员工在长期工作中能积累机构知识，逐渐提高效率和专业能力。例如，星巴克专注于招聘和培训咖啡师，以保持品牌一致性和高品质服务。

然而，招聘除了薪资外，还需要支付福利、培训和运营成本。这是一项长期承诺，对于资源有限的初创企业来说需要谨慎考量。

何时选择外包

外包非常适合那些专业性强、临时性或非核心的业务任务。通过利用外部专业知识，你可以节省时间和资源，同时获得高质量的服务。

专业技能： 对于诸如法律咨询、平面设计或IT支持等复杂或特定领域的任务，外包比内部建设能力更高效。例如，许多初创公司将应用程序开发外包给专业公司，以节省时间并获得经验丰富的开发人员支持。

季节性或一次性项目： 像税务准备、活动策划或网站设计这类无需持续关注的任务，外包是一种成本效益高的选择。

灵活性与可扩展性： 外包可以根据需求调整资源。例如，在假日购物季，许多电商企业会外包客户服务，以应对增加的咨询量，而无需聘用长期员工。

耐克 就是一个知名的外包案例。该公司专注于产品设计和品牌管理，将制造任务外包给专业工厂。这一模式让耐克能够在全球范围内扩大生产规模，而无需直接管理工厂。

找到最佳平衡

招聘和外包并不是非此即彼的选择——许多成功企业同时采用两种方法。以下是一些平衡策略：

评估需求： 确定哪些任务对你的业务至关重要，哪些可以外包。例如，如果你的强项在于营销，但缺乏技术能力，你可以内部招聘营销人员，同时将IT支持外包。

权衡成本与控制： 外包可以节省成本，但可能限制对任务执行方式的控制。相反，招聘需要更高的投资，但能提供更多的掌控力。

从小做起： 对于初创企业，外包提供了增长中的灵活性。当业务稳定后，可以逐步将更多职能内部化。例如，亚马逊最初外包了许多物流任务，但后来建立了自己的配送网络，以更好地控制客户体验。

构建混合团队

在某些情况下，混合模式是最佳选择。你可以为核心职能招聘内部团队，同时将专业性或补充性任务外包。例如：

一个营销团队可能在内部负责策略和内容创建，同时将平面设计或付费广告活动外包给外部代理公司。

一家餐厅可能聘用全职厨师和服务员，但将食品配送外包给像Uber Eats这样的服务公司。

这种方法能够优化成本和质量，同时保持灵活性。

结论

招聘与外包的选择取决于你的业务优先级、资源和长期愿景。通过理解两种方法的优缺点，你可以打造一支结合内部专业知识与外部灵活性的团队，确保业务高效运作。找到最佳平衡点将使你的企业在竞争激烈的环境中实现增长、适应和成功。

文化对团队和客户的重要性：忠诚与利润的

纽带

企业文化不仅仅是挂在墙上的价值观或办公室的氛围——它是团队凝聚力、客户忠诚度以及最终盈利能力的推动力。强大的文化不仅能将团队紧密结合在一起，还能吸引客户的目光。不论是初创公司还是成熟企业，投资于积极且明确的文化能够显著提升你的业绩。

为什么文化对团队至关重要

一个共享共同价值观和信念的团队更有可能和谐合作、保持积极性，并为公司的成功做出贡献。文化塑造了员工的互动方式、解决问题的方式以及面对挑战的方式。

留任与参与度： 健康的文化能够增强员工的忠诚度，降低员工流失率，从而减少招聘和培训新员工的成本。例如，Patagonia

围绕环境保护构建了一种文化，这种文化深受员工的认同，激励他们致力于公司的使命。

提高协作： 积极的文化鼓励开放的沟通与信任，使团队更容易协作。例如，谷歌的创新文化赋予员工自由分享想法的权力，从而催生出许多突破性产品和解决方案。

吸引顶尖人才： 在竞争激烈的行业中，文化对求职者来说往往是一个决定性因素。Netflix通过强调"自由与责任"的独特文化吸引了那些在这种环境中表现出色的高绩效人才。

文化在客户忠诚中的作用

强大的内部文化往往会转化为卓越的客户体验。当员工对公司的使命充满热情并与之保持一致时，这会反映在他们与客户的互动中。

品牌一致性： 明确的文化可以确保每一次客户互动都体现公司的价值观。例如，Apple以卓越和创新的文化为主导，这种文化贯穿于每次产品发布、店内体验和客户支持中。客户信任Apple不仅是因为其产品，更是因为它一贯的卓越体验。

情感连接： 客户倾向于选择与自己价值观一致的品牌。星巴克通过社区和可持续发展的文化，与忠实客户群体建立了超越交易的关系——更多的是情感联系。

以客户为中心： 优先考虑服务文化的公司通常能够超越客户的期望。例如，Zappos以"通过服务传递惊喜"为承诺，其文化赢得了客户的高度忠诚和广泛好评。

文化如何驱动盈利

虽然文化看似无形，但它对利润的影响却非常真实。凝聚且积极的文化会在整个组织中产生连锁反应：

更高的生产力： 积极的员工工作效率更高，能够以更高的效率交付更好的结果。

降低成本： 忠诚的员工和客户可以为企业节省不断招聘和获取客户的成本。

创新与增长： 鼓励创造力和协作的文化可以带来创新的解决方案，开辟新的收入来源和市场机会。

以西南航空为例，这家公司长期以来一直强调"有趣"与"员工赋权"的文化。这种文化不仅提升了员工满意度，还优化了客户体验，使其在竞争激烈的航空业中保持了持续的盈利能力。

打造卓越文化

建立成功的文化需要刻意的行动与努力。以下是一些关键步骤：

明确你的价值观： 清晰表达公司代表的立场，并确保这些价值观体现在政策、实践和领导力中。

以身作则： 文化始于领导层。领导者必须践行他们希望团队遵守的价值观。

言行一致： 如果你的公司重视可持续发展，通过环境友好型的运营和产品来体现这些价值。

促进包容性： 创建一个每个人都感到被重视和尊重的文化，不论其角色或背景如何。

结论

文化是一种强大的力量，它塑造了你的团队，影响了你的客户，并推动了你的盈利能力。通过培育与使命和价值观一致的文化，你可以创造一个员工茁壮成长、客户保持忠诚、利润自然增长的环境。记住，文化不仅仅是你构建的东西，更是你每天践行的东西。让文化成为你团队成功的基石，以及你品牌忠诚与增长的秘密武器。

创造职业发展机会

投资于团队的职业发展是企业最明智的决策之一。员工如果看到明确的晋升路径，他们会更加投入、积极并忠诚于公司。促进职业发展的机会不仅对员工有利，还能提高企业的生产力、声誉，以及吸引顶尖人才的能力。当你帮助员工成长时，你的企业也会随之成长。

为什么职业发展很重要

员工留任： 如果员工相信自己可以在公司内部晋升，他们就更不可能离职。提供发展机会表明你重视他们的贡献，并将他们视为公司长期愿景的一部分。例如，微软的职业发展计划允许员工在公司内探索多样化的岗位，从而提升忠诚度和参与感。

提升技能与生产力： 通过培训或教育提升技能的员工会为企业带来新的能力。受过良好培训的员工不仅表现更出色，还能推动创新、适应变化并推动业务成功。星巴克通过提供学费报销计划帮助员工继续深造，同时也促进了他们的职业发展。

吸引顶尖人才： 以培养员工成长而闻名的公司更容易吸引雄心勃勃、表现优异的候选人。像谷歌和亚马逊这样的公司以其全面的职业发展计划而闻名，这吸引了来自全球的顶尖人才。

促进职业发展的方式

创建职业发展机会并不一定需要投入大量资金于正式的项目。无论公司规模如何，有许多有效方法可以支持团队的发展：

内部晋升： 尽可能从内部提拔员工。这种做法奖励了员工的忠诚，并为员工提供了公司内部成长的实际范例。例如，沃尔玛重视将门店员工晋升为管理岗位，向员工展示了向上流动的可能性。

培训和技能发展： 提供参加研讨会、认证课程或在线课程的机会。一家小企业可以安排每月的培训课程，而大企业则可能资助员工参加行业会议。

跨岗位培训： 让员工接触公司内的不同角色以拓宽他们的技能和视野。这不仅对员工有益，还能增强团队在变革或增长期间的适应能力。

导师计划： 将经验较少的员工与资深导师配对，创造学习和建立关系的机会。像英特尔这样的公司拥有正式的导师计划，帮助员工规划职业发展并培养社区归属感。

定制发展计划： 与员工合作设计符合其目标和公司需求的个性化职业路径。这可能包括为加薪、晋升或新职责设定明确的里程碑。

将职业发展与业务目标对齐

职业发展不仅仅是个人成长；它应该与公司的目标和愿景保持一致。例如：

一家科技初创公司可能专注于培养能够引领产品创新的技术领导者。

一家零售企业可能培养门店员工成为区域经理以支持扩张计划。

一家运输公司可能培训物流人员管理新地区的运营。

通过将职业发展机会与业务目标对齐，你确保对团队的投资也能推动战略成果。

平衡增长与业务限制

虽然职业发展机会很重要，但也必须与企业的实际情况相平衡。并非每位员工都希望或需要一个领导角色，这没有问题。要在各个层面上认可并奖励员工的贡献。例如：

提供奖金或额外责任等激励措施，可以表达对员工的感激，而无需创建额外的管理职位。

提供非货币奖励，如额外的假期或公开表扬，可以让员工感到被重视。

结论

创造职业发展机会是一种双赢的策略：它赋能员工，同时推动企业前进。通过投资于员工的发展，你可以打造一支忠诚、技能娴熟且积极向上的团队，他们准备好迎接新挑战并抓住新机遇。不论是通过培训、导师计划还是晋升，促进职业发展确保你的团队不仅为你的企业工作，还能与企业共同成长，为彼此的成功铺平道路。

何时以及如何放手

解雇一名员工是企业主或管理者面临的最艰难的决定之一。然而，继续留用无法有效贡献的员工，甚至是对团队产生负面影响的员工，可能会损害企业的绩效、士气和文化。了解何时以及如何分道扬镳，对于维护一个健康高效的工作环境至关重要。

何时应该放手

确定是否需要放手，首先要识别关键问题。以下是一些常见的警示信号：

绩效问题： 如果一名员工在接受培训、指导和多次改进机会后仍然未能达到预期，这可能表明该岗位并不适合他们。

文化不匹配： 即使是高绩效员工，如果其行为或价值观与公司的文化冲突，也可能对团队造成伤害。

职位冗余： 有时，由于公司重组或自动化，某些职位可能变得多余。

不道德行为： 不诚实、骚扰等行为是不可协商的底线，必须果断处理。

例如，1985年苹果公司决定解除史蒂夫·乔布斯的领导职位，这是一个艰难但必要的决定，用以解决内部冲突和公司面临的绩效问题。尽管这一决定颇具争议，但最终促使苹果转型，为乔布斯日后的回归和公司的彻底革新奠定了基础。同样，Netflix推行的一项理念——只保留那些经理愿意全力争取的员工——成为平衡高标准与团队和谐的一项标杆。

如何正确放手

解雇一名员工需要以细致和专业的态度进行处理。以下是关键步骤：

1. **充分准备：** 确保记录下员工的绩效问题以及解决问题的尝试。这有助于实现过程的透明和公平。

2. **直接且富有同情心：** 在对话中，要清晰表达决策的理由，同时承认对方的努力。例如，可以这样说："我们感谢你的努力，但持续存在的挑战使我们不得不做出分道扬镳的决定。"这种表达既清晰又充满同理心。

3. **支持过渡：** 提供一定支持，例如遣散费、推荐信或职业安置服务，这可以帮助员工更顺利地过渡到下一阶段。

后续处理与团队沟通

解雇一名员工后的工作并未结束。与团队其他成员沟通这一决定是维持士气和信任的关键。需要在透明和隐私之间找到平衡，确保团队了解决策的合理性，但不透露不必要的细节。例如，可以强调："我们做出这一决定是为了确保团队的效率和文化的健康发展。"

此外，每次解雇也是一次学习和优化的机会：

是否明确传达了对员工的期望？

提供的支持或培训是否足够？
反思这些问题可以帮助减少未来类似问题的发生。例如，在杰克·韦尔奇的领导下，通用电气采用了一种透明的绩效评估系统，将指导与公平的评估相结合，确保表现不佳的员工在被解雇前有改进的机会。

结论

放手虽然困难，但在某些情况下，对于企业的健康发展是必要的一步。通过以正直、同理心和长远愿景为指导，你可以有效地应对这些情况。每一个决策都应与公司的价值观和使命保持一致，确保团队保持强大、专注，并为未来的成长做好准备。

第14章：供应商、分包商等

每一个成功的企业背后都有一个可靠的供应商和分包商网络，默默地支持业务的顺利运行。从提供原材料和货物到提供专业服务，这些外部合作伙伴是企业生态系统中不可或缺的一部分。然而，有效地管理这一网络不仅仅是签订合同后坐等成果，而是需要战略性思考、积极规划和定期监督。

供应商和分包商可以成就或破坏你的业务。低质量的材料或错过的交付期限可能会导致生产中断、客户满意度下降，甚至危及你的声誉。相反，建立在信任和互惠基础上的强大合作关系可以提高效率、降低成本，并创造增长的机会。

本章将探讨管理这些关系的关键要素。首先是战略性的选择：在价格与质量之间找到平衡，选择既能满足需求又不会超出预算的合作伙伴。接下来，你将了解制定备选计划的重要性，以保护你的企业免受意外中断的影响，无论是供应链问题、经济变化，还是突发事件。最后，我们将讨论持续监督的必要性，强调通过定期审查和绩效评估，确保责任的落实并推动持续改进。

通过掌握这些要素，你不仅能创建一个稳定高效的供应链，还能为长期成功奠定基础。一个管理得当的供应商和分包商网络不仅是辅助元素，更是一种竞争优势。接下来，我们将深入探讨如何让这一网络为你的业务服务。

平衡价格与质量：制定战略选择

在商业中，价格与质量之间的平衡往往决定了成败。虽然低成本可能看似诱人，但牺牲质量可能导致客户不满、声誉受损以及更高的长期成本。相反，一味追求高品质却付出不可持续的价格，可能侵蚀利润并使企业面临财务风险。找到正确的平衡点是一项战略必需。

为什么质量至关重要

质量是客户信任与满意度的基础。优质的产品或可靠的服务能够吸引回头客并建立良好的声誉。例如，苹果公司对高品质材料和工艺的承诺使其能够收取溢价，吸引了愿意为其感知价值买单的忠实客户群。

然而，质量不仅仅是为了取悦客户，它还影响企业运营的方方面面。高质量的投入可以减少错误、浪费以及返工的需求。例如，一家餐厅采购新鲜且可靠的食材，不仅可以确保美味的菜肴，还能让厨房运营更加顺畅，同时减少投诉。

价格在决策中的作用

尽管质量很重要，但它必须与财务目标相匹配。为材料或服务支付过高的费用会压缩预算，削弱盈利能力。像沃尔玛这样的企业通过谈判具有竞争力的价格，同时保持足够的质量来满足客户期望，从而展示了平衡价格与质量的力量。沃尔玛的规模和购买力使其能够在保持供应链可靠性的同时实现低价策略。

对于初创企业和小型企业而言，价格谈判需要更加谨慎。与大型企业不同，你可能没有足够的议价能力来要求大幅折扣，但可以通过建立关系或承诺批量采购来获得更好的条件。

如何找到最佳平衡点

1. **明确优先事项**

   定义对你的业务而言，质量意味着什么，以及客户的期望。例如，如果你经营一家咖啡店，采购优质咖啡豆可能是不可妥协的，即使成本较高。但另一方面，选择中档家具而非豪华装修可能为其他优先事项节省资金。

2. **研究与比较**

   花时间评估多个供应商或分包商。不仅要比较成本，还要审查评论、业绩记录以及质量样品。像阿里巴巴这样的供应商平台或专业的自由职业者平台可以帮助你有效评估选项。

3. **战略性谈判**

   谈判不仅仅是为了降低成本，而是为了为双方创造价值。讨论如何优化合作关系，例如延长付款期限或打包折扣，而不影响质量。

4. **先试再定**

   考虑通过供应商进行试订单或试点项目，评估其质量与可靠性后再签订长期合同。这种方法能够降低风险，并让你的决策更具信心。

5. **注重关系**

   与供应商建立牢固的关系能够带来更好的条件和灵活性。将供应商视为合作伙伴而非交易对象，可以促进合作并提升长期忠诚度。

学习成功模式

Costco的热狗策略

Costco以1.50美元的热狗套餐闻名，尽管在其他领域承担成本，但仍然保持高质量，以吸引和留住客户。这种亏本引流策略很好地体现了价格与质量之间的长期平衡。

特斯拉的供应链

特斯拉最初在外包组件时面临质量问题，随后转向自主生产关键部件。这一决定不仅确保了对质量的更严格控制，还在长期内优化了成本。

避免常见陷阱

选择最便宜的选项

低价标签背后通常隐藏着隐性成本，例如延误、低可靠性或增加的维护费用。例如，将软件开发外包给最便宜的供应商可能导致代码质量差，从而需要昂贵的修复工作。

高估质量需求

支付过高费用购买不必要的高端功能或服务可能会压缩预算，而未能提供成比例的价值。评估顶级选项是否真的符合你的实际需求。

结论

在价格与质量之间找到平衡是一个动态过程，需要仔细权衡业务优先事项、财务约束和客户期望。通过战略性地选择既符合标准又不过度消耗预算的供应商和分包商，你可以为可持续增长和长期成功奠定基础。记住，最便宜的选项并不总是最优，而最昂贵的也未必必要。关键在于找到价值点——价格与质量的最佳结合，为你的业务带来最大利益。

备用计划：通过替代方案确保连续性

在商业运营中，干扰是不可避免的。可靠的供应商可能会遇到生产问题，分包商可能会错过截止日期，或者突如其来的全球性事件可能会中断整个供应链。如果没有备用计划，这些情况可能导致运营停滞、客户失望，甚至损害你的声誉。一个经过深思熟虑的应急策略，包括替代供应商和分包商，是维持业务连续性的关键。

备用计划的重要性

备用计划是你的安全保障，确保业务能够适应不可预见的变化。在COVID-19疫情期间，那些预先建立了替代供应商关系的公司尽管面临全球中断，依然能够维持运营，而其他公司则陷入困境。这些计划不仅能在危机中提供保护，还能增强企业的韧性，使其能够迅速应对经济波动、自然灾害或客户需求的突然变化。

识别风险与分散依赖

制定有效的备用计划首先需要分析你的运营，识别潜在的薄弱环节。例如，如果你的业务严重依赖某一供应商提供原材料，那么该供应商服务的中断可能会瘫痪你的运营。分散供应商基础能够有效降低这种风险。同样，维护一个潜在分包商的网络可以确保你不会过度依赖某一提供关键服务的供应商。

提前建立备用合作关系

与替代供应商和分包商提前建立关系至关重要。即使你暂时不需要使用他们的服务，保持沟通并测试他们的能力，能够确保在需要时他们能够迅速接手。例如，苹果公司从多个供应商采购相同的组件，创建了一个强大的网络，从而减少了因供应商特定问题导致的风险。类似地，亚马逊的广泛物流网络使其能够在需求高峰期或紧急情况下灵活调整供应商。

实施备用策略的实际措施

实施备用计划需要采取一系列实用措施。

质量评估与能力验证
通过试订单评估潜在替代方案的质量和可靠性。确保它们符合你的标准并能够在需要时无缝交付。

库存缓冲
对于关键物资，考虑保留一定的缓冲库存，以应对短期中断。

团队交叉培训
对团队进行交叉培训，使其能够胜任不同岗位任务。如果某个分包商无法提供服务，团队成员可以填补空缺。

这些步骤可以确保即使在最具挑战性的情况下，你的业务也能保持运营。

保持平衡，避免过度复杂化

重要的是在备用计划中找到平衡。虽然有多个备用方案是明智的，但过于复杂的供应链可能导致效率低下和不必要的成本。应专注于质量而非数量，确保你的备用选择能够符合你的标准，并在需要时顺利运行。

战略优势：备用计划的价值

一个强有力的备用计划不仅是保护措施，更是一种战略优势。通过未雨绸缪，你能够保护运营、维护客户信任，并为业务的长期成功奠定基础。在充满不确定性的世界中，韧性不是可选项，而是必需品。

结论是，制定并实施备用计划可以让你的企业更好地应对未来的不确定性，为持久发展提供强大支持。

持续监督：评估供应商和分包商的表现

建立可靠的供应商和分包商网络至关重要，但工作并不止于签订合同。持续的监督和表现评估是维持质量、确保按时交付和建立稳固关系的关键。缺乏持续评估可能导致效率低下、成本增加和客户不满。定期监督有助于及早发现潜在问题，优化流程，并确保外部合作伙伴与企业目标保持一致。

为什么持续监督很重要

供应商和分包商在你的运营中扮演关键角色。他们的表现直接影响你向客户交付产品或服务的能力。例如，如果供应商持续交付质量不佳的材料，可能会影响你产品的质量。同样，分包商的延误可能会破坏项目时间表，损害声誉和客户关系。

监督的重点不是微观管理，而是建立伙伴关系。通过定期评估表现，你可以发现改进的空间，提供建设性反馈，并建立更牢固的合作关系。这种积极主动的方法确保外部合作伙伴能够随着业务的发展继续满足你的标准。

有效监督的关键要素

定期监控应关注绩效的量化和质化两方面。例如，跟踪交付时间、缺陷率和成本效率等指标。这些指标可以清晰地反映供应商和分包商是否符合预期。然而，也不要忽视质化因素，例如沟通能力、解决问题的能力以及与公司价值观的一致性。

以丰田的供应链管理为例。丰田重视与供应商的长期合作关系，定期评估其表现，以确保质量和可靠性。这种方法使丰田能够在适应市场需求变化的同时，保持卓越的声誉。

除了评估表现，提供持续反馈也很重要。分享对方的优势和需要改进的地方，营造一种让合作伙伴感到被重视的环境，激励他们提升服务质量。例如，一个物流公司如果能够按时交付但经常损坏货物，可能需要有针对性的反馈和合作解决问题。

解决表现不佳的问题

即使有定期监督，问题仍可能出现。当绩效不达标时，应迅速并以建设性的方式解决问题。首先，确定根本原因——无论是资源不足、沟通不畅，还是对期望的理解存在偏差。与供应商或分包商合作寻找解决方案，例如提供额外培训、调整流程或修订时间表。

然而，如果在多次努力后表现仍未改善，可能需要重新考虑这段合作关系。更换供应商或分包商并非理想选择，但有时为了保护企业的完整性和运营顺畅，这是必要的。

建立长期合作关系

持续监督的目标不仅仅是发现错误，还在于促进合作与共同成长。通过与供应商和分包商建立牢固的关系，你可以创建一个值得信赖的合作网络，他们也会更加致力于你的成功。例如，星巴克通过与咖啡种植者密切合作，确保可持续实践和高质量产品。这种协作关系不仅造福双方，还强化了整个供应链。

总结

持续监督是管理供应商和分包商的重要环节。通过定期评估表现、积极解决问题以及促进合作关系，你可以确保企业平稳高效地运作。建立在信任和责任基础上的强大合作关系是企业韧性和成功的基石。监督不是一次性任务，而是对卓越表现的持续承诺。

第15章：战略性起步-试营业进一步完善

每个企业都梦想着完美的盛大开业：热情的顾客、流畅的运营以及立竿见影的成功。然而，安静而有控制的试营业——即试运营阶段——可能是确保梦想成真的关键。通过测试运营、收集反馈以及在全面公开前解决问题，试营业为你的业务提供了优化和长期成功的机会。

试营业就像是企业的彩排。它允许你在真实环境中尝试运营流程、培训团队，并识别计划中的任何不足。无论你是在开设咖啡店、推出软件平台，还是开启零售店，这一阶段都让你能够在没有全面启动压力的情况下调整和改进。

本章将探讨为什么试营业是任何企业的重要步骤。你将了解到，它如何帮助你发现并纠正错误、根据真实客户的反馈调整策略，以及优化你的产品或服务。我们还将讨论为什么在这一阶段最好避免大规模的营销推广，让你可以专注于完善业务，而不是应对过度的需求压力。战略性起步有助于创造更强的第一印象、更满意的客户，以及一个为持久成功奠定基础的业务模式。

试营业能决定开业的成败

试营业不仅仅是一次热身活动，而是一个关键步骤，能够决定你正式开业的成功与否。虽然盛大的开业旨在吸引公众的关注并激发兴奋情绪，试营业则为你提供了在可控环境中优化和完善运营的机会。这种方法能够最大限度地降低风险、提供宝贵的洞察，并确保你准备好满足市场的需求。

试营业的重要性在于，它能够在潜在问题升级为更大的难题之前，将其暴露出来。试想如果你在没有测试厨房工作流程的情况下开了一家餐厅，或者在没有评估库存系统如何应对实际顾客流量的情况下开了一家零售店，那会是什么样的情况？通过试营业，你可以在全面启动之前尽早发现并解决这些问题。

例如，星巴克在进入新市场时经常采用试营业的方式。他们并不会立即大规模推出所有门店，而是先开设几家门店，测试顾客的喜好和运营效率。这种策略让他们能够调整产品、培训员工，并适应当地需求，然后再逐步扩大规模。这是一种务实且战略性的方式，确保从第一天起，他们的品牌就能兑现其承诺。

试营业对于建立团队信心也至关重要。你的员工可以通过试营业实践他们的职责、从实际互动中学习，并更加熟悉现有的流程和系统。这段调整期对团队在盛大开业时的顺畅运作起着至关重要的作用。对于餐厅来说，这可能意味着优化厨房与服务员之间的协作流程；对于科技公司来说，这可能涉及在测试版发布期间处理用户反馈问题。

需要注意的是，试营业并非没有挑战。如果准备不足或执行匆忙，可能适得其反。过度拥挤、不明确的目标或准备不足可能会带来不必要的压力，并让问题变得更加复杂。关键在于以测试和学习的心态来对待试营业，而不是急于取悦顾客。

归根结底，试营业为企业的长期成功奠定了基调。这是一个发现弱点、实施改进并建立团队信心的机会。虽然看似是一个较为低调的开始，但在这个阶段获得的经验和调整，可能会决定你的业务是以波折开局还是顺利起步。通过将试营业视为开业策略中的关键一步，你为企业在任何市场中取得成功奠定了坚实的基础。

在盛大开业前进行调整

盛大开业是一个关键时刻，它为你提供了一个绝佳的机会，给目标客户留下深刻的第一印象。然而，为了确保这一天能够顺利进行，在试营业阶段所做的调整至关重要。这是你根据实际反馈完善运营、解决问题并优化流程的机会。通过在正式开业前完成必要的调整，你为成功而顺畅的开业奠定了坚实的基础。

在试营业中发现问题

试营业相当于一次真实场景的测试，能够暴露出规划阶段可能没有预料到的问题。例如，一家餐厅可能会发现厨房布局在高峰时段减慢了服务速度；而一家零售店可能意识到结账系统在处理多笔交易时效率低下。这些问题在试营业阶段尚可应对，但如果出现在盛大开业当天，可能会导致顾客的不满。

这个阶段还可以揭示员工培训或工作流程中的不足。可能你的团队需要更多的实践来熟悉销售系统，或者库存管理流程比预期的要复杂。试营业期间获得的洞察为改进提供了路线图，让你能够在问题影响更广泛的客户群体之前解决它们。

采纳早期客户的反馈

在试营业期间的早期客户是宝贵的反馈来源。他们对产品、服务或整体体验的评价值得认真倾听。例如，如果顾客频繁提到某款产品使用不便，或等待时间过长，这就是需要改进的信号。与这些早期客户互动不仅能帮助你优化业务，还能建立良好的口碑和客户忠诚度。

像亚马逊这样的公司通过持续优化客户体验来实现成功。从改进网站导航到优化物流配送，亚马逊的成功源于对客户需求的持续适应。你的试营业阶段是借鉴这种方法的机会，确保盛大开业能够提供一个精致且令人满意的体验。

完善流程与系统

盛大开业前的调整通常涉及优化支撑业务运转的系统和流程。例如：

如果你经营一家咖啡店，可以尝试不同的后台工作流程，以加快服务速度。

一家软件公司可以利用这段时间解决程序错误，并根据测试反馈改进用户界面设计。

完善这些细节可以决定你的业务是艰难运转还是即使在压力下也能轻松运作。

提升团队信心

员工在企业的成功中扮演着重要角色，而一支准备充分的团队对顺利的盛大开业至关重要。利用试营业阶段弥补知识空白、提供额外培训并明确角色与职责。这不仅确保了团队做好准备，还提升了他们的信心，使其在与顾客互动时更加高效和充满热情。

总结

在盛大开业前进行调整，不仅仅是为了修复错误，而是为了让你的业务达到最佳状态。通过利用试营业期间获得的洞察，你可以完善运营、优化团队表现，并确保每一个细节都为正式亮相做好准备。在这一阶段投入的时间和精力，将转化为一个令客户印象深刻的盛大开业，为未来的成功奠定基调。让试营业成为成功开业的坚实基础，创造出一个持久而积极的影响。

营销可以稍后进行：优先确保一切就绪

在正式开业前急于开展营销活动的诱惑很强烈。毕竟，在推出新业务时，制造兴奋感并吸引顾客似乎是理所当然的。然而，在试营业阶段，你的重点应该是完善运营、确保质量以及解决任何潜在问题。过早的营销可能会给你的业务带来不必要的压力，并将那些本可以在可控环境中解决的问题暴露出来。

过早营销的风险

过早开展营销活动可能会压垮你的团队和运营能力。想象一下，在试营业期间吸引了大量顾客，却发现系统尚未为需求做好准备。例如，一家咖啡店可能会用完关键原料，或者一家电商网站可能因未预料的流量崩溃。这些问题可能导致顾客不满，并在正式开业之前损害你的声誉。

以特斯拉在早期Model 3推广中的经历为例。高调的营销在公司尚未高效扩产之前就引发了巨大的需求。随之而来的延迟导致客户的不满，并对特斯拉的声誉造成打击。这一经验表明，营销活动应该与企业履行承诺的能力保持一致。

优先完善运营的回报

试营业阶段是测试和完善业务各方面的机会。在没有大量顾客涌入或公众密切关注的干扰下，你可以专注于以下方面：

1. 简化流程以提高效率

2. 培训团队，使其能够自信应对实际场景

3. 收集反馈，识别并解决问题

例如，当Shake Shack在麦迪逊广场公园作为热狗摊开始时，他们专注于完善产品和客户体验。在建立起忠实的本地顾客群后，他们才扩展为全球品牌。这种耐心的策略为Shake Shack建立了强大的增长基础。

通过口碑建立声誉

推迟大规模营销并不意味着你无法提高知名度。在试营业期间，将重点放在为早期客户创造卓越的体验上。口碑推荐非常强大，往往比广告更具影响力。你的早期支持者可以成为忠实顾客，并为正式开业积累自然的热度。

例如，星巴克在其早期发展阶段主要依赖口碑传播。通过专注于打造一个温馨、舒适的环境并提供高品质的咖啡，吸引了回头客，这些顾客随后将星巴克的独特价值传播出去。这种草根式的推广帮助星巴克在没有依赖大量广告的情况下实现了增长。

何时开展营销活动

一旦你解决了试营业期间发现的挑战，并对运营充满信心，就可以开始通过营销放大你的影响力。在这一阶段，你可以突出你的精心打磨的产品、顺畅的流程和训练有素的团队，确保为新顾客提供积极的体验。在一切准备就绪后，营销活动的效果将更加显著，能够将兴趣转化为忠诚度。

总结

营销是任何业务成功的关键部分，但只有在运营准备好支持它所带来的关注时，它才是最有效的。在试营业阶段，专注于优化流程、培训团队并解决问题。通过推迟营销直到你完善了业务，你将能够更好地给顾客留下持久的印象，并建立忠实的顾客群。有时，耐心是你可以做出的最具战略意义的举措。

第16章：盛大开业-完美而自信的开张大吉

盛大开业不仅仅是一场庆典——它是您向世界介绍业务的重要时刻。这是从准备阶段过渡到全面运营的关键节点，向社区和目标受众展示您所建立的一切。一场精心策划的盛大开业活动可以引发话题、吸引顾客，并为长期成功奠定基调。

本章旨在帮助您充分利用这一重要时刻。这不仅是关于吸引人群，更是关于提供一次能够留下深刻印象的体验。当天产生的兴奋与热情应该转化为深度的客户参与和忠诚度。您在这个阶段运用的策略，可以为您的业务积累势能，将首次到访者转变为回头客和品牌的忠实支持者。

我们将探讨确保盛大开业成为难忘事件的有效营销策略。从促销活动到合作伙伴关系，您将学习如何吸引注意力并创造超越活动本身的热度。此外，我们还将讨论如何利用这一机会建立联系、获取客户洞察，并为建立忠实客户群打下基础。

盛大开业不仅仅是一天的活动——它是您的业务未来的启动平台。通过正确的规划和执行，它可以成为一个充满增长、影响力和成功的旅程的起点。让我们一起深入探讨如何让这一天成为难忘的辉煌时刻。

盛大开业的营销策略

您的盛大开业是以令人瞩目的方式向世界介绍您的业务的独特机会。这是展示品牌、吸引客户并创造长期热度的关键时刻。一份精心策划的营销策略不仅能让您的开业活动吸引眼球，还能为未来的成功奠定坚实的基础。

通过活动前的宣传预热

开业的兴奋感应该从正式开门之前就开始。制造期待是吸引人群和引发兴趣的关键。利用社交媒体、电子邮件活动和当地社区关系来传播消息。

例如，特斯拉在新产品发布前，通过社交媒体上的视频和更新逐步揭示新产品的功能和优势，以此制造期待。同样，您可以通过分享幕后准备工作、介绍团队成员或突出业务的独特亮点来吸引观众的关注。

您还可以与本地有影响力的人士、博主或社区团体合作，扩大您的传播范围。举办小型预览活动或提供独家邀请可以营造稀缺感和期待感，为您的开业增添吸引力。

利用促销和激励措施

促销活动是一种久经考验的吸引客户的方法。无论是折扣、赠品还是特别优惠，精心设计的促销活动都可以激励人们在开业当天光顾您的业务。

例如，Shake Shack 在新店开业时，通常会向前100名顾客提供免费物品，从而创造吸引人群的热度。同样，您的促销活动可以包括开业当天的折扣、免费样品或为早期用户提供额外福利的会员计划注册奖励。

确保您的促销活动与品牌形象和目标受众相符。如果您推出的是高端服务，重点应放在强调品质而不是大幅折扣。如果是零售业务，捆绑优惠或独家开业产品可以推动销售并营造兴奋感。

打造难忘的活动体验

盛大开业不仅仅是一次介绍，而是一场体验。考虑如何让您的开业活动既难忘又有吸引力。可以举办现场娱乐活动、互动活动或展示您的业务特色的活动。

例如，苹果公司在新店开业期间通常会通过产品展示来强调其创新性和以客户为中心的体验。同样，面包店可以举办现场烘焙演示，健身工作室可以在开业当天提供免费试课。目标是与观众建立联系，留下积极且持久的印象。

融入社区

与本地社区建立联系可以为您的开业增添个人色彩。与本地企业、慈善机构或组织合作，展示您对所在地区的承诺。举办慈善筹款活动或将开业当天收入的一部分捐赠给公益事业，不仅可以营造良好形象，还能将您的品牌与积极的价值观联系起来。

例如，当 Tim Hortons 在新地区开设分店时，他们通常会与当地学校合作或赞助活动。这种做法不仅建立了关系，也让品牌融入了社区的文化中。

记录精彩时刻

不要让您的盛大开业结束后失去影响力。用照片和视频记录活动中的精彩瞬间，并将其分享在社交媒体和网站上。突出客户评价、难忘的时刻以及当天的整体活力。

通过在线宣传，您可以将开业当天的影响力延伸到活动现场之外。鼓励参与者在他们的帖子中标记您的业务，并通过奖励措施鼓励他们分享体验。这些用户生成的内容是非常真实的口碑宣传。

结语

您的盛大开业是一次属于您业务的独特机会，而一份周到的营销策略能起到至关重要的作用。通过制造期待、提供吸引人的激励措施、打造难忘的活动体验以及与社区互动，您可以确保开业当天不仅是一场庆典，更是与客户建立强大、持久关系的起点。明智规划、充满热情地执行，见证您的业务迈出通往持久成功的第一步。

将访客转化为忠实客户

吸引访客参加您的盛大开业是一个重要的里程碑，但衡量成功的真正标准在于能否将这些首次光临的访客转化为忠实的回头客。忠诚并非一夜之间建立，而是通过持续提供价值、有意义的互动以及卓越的客户体验逐步积累的结果，这些都会让客户愿意再次光临。

留下难忘的第一印象

盛大开业是给客户留下深刻印象的绝佳机会。您如何展示业务以及与客户的第一次互动将决定未来的关系。专注于营造一个既热情友好又专业，并与品牌价值一致的环境。

例如，迪士尼主题公园以其"魔法时刻"闻名，每一个细节都旨在超越游客的期望。从员工的友好态度到公园的清洁度，迪士尼优先考虑无缝且令人难忘的客户体验。同样，确保您的团队经过培训，能够提供优质的服务、预测客户需求并快速有效地解决问题。

通过价值与客户互动

如果访客感受到价值，他们更可能再次光顾。提供个性化互动、独家优惠或有意义的体验，可以让客户感到与品牌有联系。例如，通过提供一些小小的心意——如免费试用样品、下一次购物的折扣或会员计划注册优惠——可以留下积极的印象。

以星巴克的会员计划为例，它通过奖励客户每次消费积累积分，鼓励客户多次光顾。无论是奖励计划还是一封简单的感谢邮件，表达对客户支持的感激之情都可以培养持久的忠诚度。

倾听并调整

盛大开业也是收集第一批客户宝贵反馈的机会。与他们互动，询问他们的意见，并根据反馈进行调整。客户欣赏那些倾听他们需求并采取行动的企业。

例如，Zappos以其卓越的客户服务建立了声誉，积极收集并实施客户反馈。当客户感到被重视时，他们更可能与您的品牌建立更深的联系，并成为忠实的支持者。

保持联系

与客户的关系并不会在第一次光临后结束，而是刚刚开始。通过后续沟通来保持他们的参与度。发送感谢信、特别优惠或企业动态更新。在社交媒体上建立存在感，持续与客户互动并鼓励他们分享自己的体验。

电子邮件营销是另一个强大的工具。发送个性化信息或有关即将促销活动的更新，可以让客户对您的业务保持关注。例如，如果您经营一家咖啡店，可以给常客发送关于季节性饮品或活动的邮件，鼓励他们再次光临。

持续提供一致的价值

一致性是客户忠诚度的基石。每次光临都能感受到相同的高品质和优质服务的访客更可能成为忠实客户。反之，服务质量的不一致可能会削弱信任，将客户推向竞争对手。

以 Costco 为例，它通过其产品供应和广受欢迎的低价热狗套餐，始终如一地提供价值。客户信任 Costco 会保持其标准，这种信任建立了长期的忠诚度。

结语

将访客转化为忠实客户需要付出努力、制定策略以及对提供价值的真诚承诺。通过留下深刻的第一印象、有意义的互动、根据反馈调整以及保持一致的高质量服务，您可以建立持久的客户关系，推动业务增长。您的盛大开业可能会吸引客户走进店门，但之后的行动才是真正让他们再次光临的关键。

第17章：税务与合规合法

税务与合规是任何合法且可持续发展的企业的基石。尽管它们可能不是经营公司最吸引人的方面，但却对维护企业诚信、避免法律问题以及实现长期增长至关重要。如果忽视或处理不当，这些责任可能导致罚款、审计，甚至企业关闭。

应对税务和监管要求的世界可能令人望而生畏，尤其是对初创企业而言。不同的司法管辖区对所得税、销售税、工资税以及公司报告都有不同的规定。此外，您可能还需要遵守特定行业的法规，例如健康与安全标准、环境规则或许可要求。例如，餐馆必须遵守食品安全法规，而电子商务商店可能需要考虑国际运输法律和在线销售税。

有效管理税务与合规的关键是寻求专业指导。 会计师、税务顾问和法律专家专注于这些领域，他们可以帮助您了解义务、准备必要的文档并避免昂贵的错误。他们还可以协助进行税务规划，确保您在合法范围内最大限度地利用扣减和抵免。

例如，星巴克在多个国家运营，每个国家都有自己的税收法规。该公司雇佣了一支专业团队，确保在各司法管辖区内合规运营，从而能够专注于核心业务而不受干扰。作为小企业主，您不需要一个全球税务团队，但与本地会计师或税务专家合作可以提供类似的安心感。

合规不仅限于税务，还包括遵守劳动法、保持适当记录以及按时完成报告。 忽视这些领域可能会损害您的声誉，并削弱与利益相关者的信任。对合规的承诺体现了专业性和可靠性，这些是建立客户和合作伙伴关系的关键因素。

最终，税务与合规不应被视为事后补充。它们是运营一个负责任且成功企业的必要组成部分。通过优先考虑这些领域并依靠专业人士的专业知识，您可以专注于自信地发展业务，同时确保您的法律和财务基础稳固。

第18章：无风险点火

启动一家企业是一个激动人心的时刻，但同时也伴随着固有的风险。在启动阶段的错误可能导致财务损失、声誉受损，甚至业务完全失败。"无风险启动"的概念并非试图消除所有风险——那是不可能的——而是通过远见和策略尽量减少不必要的风险，并有效管理无法避免的风险。

在创业初期，很容易因兴奋而忽略关键细节。例如，在不了解客户需求之前就过度投资库存可能会不必要地占用资金。同样，如果在产品或服务尚未完全测试的情况下就大力投资营销，如果运营出现问题，可能会适得其反。关键是谨慎行事，做出经过深思熟虑的决策，在保护资源的同时让业务稳步增长。

通过小规模测试和逐步扩展 是实现无风险启动的最有效方法之一。与其一头扎进大规模运营，不如从小处着手，随着对系统、产品和市场反应的信心增强逐步扩大规模。例如，像Dropbox和Airbnb这样的公司最初仅提供了有限的服务，通过客户反馈不断优化其服务，然后再扩展。这种方法不仅降低了风险，还确保业务发展能够与客户需求保持一致。

另一个无风险启动的重要方面是 **了解财务限制**。制定一个现实的预算并严格执行，避免早期消耗资源的非必要开支。重点关注那些直接影响客户体验的领域，例如产品质量、客户服务和运营效率，而将非关键性支出推迟到后期阶段。

同时，**预见并规划潜在挑战** 也至关重要。识别您的行业和商业模式中特定的风险，并制定应对策略。这可能包括供应商多样化、购买适当的保险，或者建立应急资金储备以应对意外开支。通过主动为挫折做好准备，您可以更有效地应对它们，并保持业务的稳定发展。

最后，**向成功创业者寻求建议** 是明智之举。导师、顾问和行业专家可以提供宝贵的见解，帮助您避免常见的陷阱。从他人的经验中学习可以在这个关键阶段为您节省时间、金钱和不必要的压力。

无风险启动是关于 **在雄心壮志和谨慎之间找到平衡**。它是关于以自信前行，同时知道您已经采取了措施避免可避免的错误，并准备好应对可能出现的挑战。通过以战略性和深思熟虑的方式启动您的业务，您为未来的稳定和成功奠定了坚实的基础。

第四步：规模化-更大更强

将企业规模化不仅仅是变大——更是要变得更强、更聪明、更可持续。第四步是将坚实的基础与发展机会结合的阶段，您的业务开始扩展其影响力、收入和声誉。然而，增长并不仅仅是增加销售额或雇佣更多员工。它是一项需要精心规划、资源管理和适应能力的战略性过程。

在这个阶段，您的目标不再是简单地生存，而是蓬勃发展。这意味着优化运营、深化客户关系以及探索新的收入来源。同时，也意味着要管理随之而来的复杂性，例如维护现金流、保持质量，以及确保您的团队和基础设施能够应对日益增长的需求。

规模化并不是孤立发生的，它需要对市场的深刻理解、对趋势的快速适应以及在竞争中始终保持领先。不论是利用技术手段、优化营销策略，还是建设更强大的团队，第四步的重点是将您的业务提升到一个新的高度，同时始终坚守让您成功的核心理念。

这一阶段也是关于 平衡 的艺术。增长过快可能导致不稳定，而增长过慢又可能错失机会。目标是以既雄心勃勃又经过精心计算的方式进行扩展，确保您的企业保持盈利、具有韧性，并为未来做好准备。

在第四步中，您将学习如何衡量和优先考虑增长，利用团队和技术的力量，制定明智的规模化策略，同时尽量减少风险。这是企业真正成长为可扩展、可持续发展的企业阶段，展现其全部潜力的时刻。

第19章：营业额、利润与规模：三大业务指标

成功的企业并非由单一数字决定，而是收入（营业额）、利润和规模之间微妙平衡的体现。这三项指标共同构成了任何蓬勃发展的企业的基础，每一项都代表了增长和可持续发展的独特但又相互关联的方面。尽管它们常常被单独讨论，但它们之间的相互作用才能真正揭示企业的健康状况和潜在实力。

收入展示了企业生成销售的能力，是需求和市场存在的外在表现。而利润则深入到财务健康的核心——这是扣除支出后的盈余，反映了企业的效率和创造价值的能力。规模，则通过运营范围、市场份额或影响力，体现了企业的运营规模以及影响行业的能力。

理解这些指标及其相互关系，对于引领企业进入增长阶段至关重要。追求更高的收入或快速扩张的诱惑很大，但如果没有盈利能力和深思熟虑的扩展，这些追求可能导致不稳定。许多初创企业陷入了优先追求收入或规模而牺牲利润的陷阱，最终发现不可持续的增长与停滞一样危险。

本章将探讨如何在这三项关键指标之间找到适当的平衡。你将了解它们的具体含义，为什么利润仍然是衡量成功的终极标准，以及过度关注其中某一项可能对其他方面造成威胁。我们还将分析一些世界上最成功企业的实践，学习它们在平衡收入、利润和规模方面的策略，并从中获得启发。通过掌握收入、利润与规模之间的相互关系，你将能够建立一个长期蓬勃发展的企业。

理解业务指标：定义收入、利润和规模

在商业中，指标不仅仅是数字——它们是企业的生命脉搏，提供关于健康状况、可持续性和增长潜力的深刻洞察。其中最关键的指标包括收入、利润和规模。每个指标都有其独特的作用，理解它们的角色对于做出明智决策并引导企业朝着正确方向发展至关重要。

收入：顶线指标

收入，通常被称为"顶线"，是指企业通过销售获得的总收入。它是理解财务表现的起点，反映了吸引客户和推动交易的能力。高收入表明市场需求旺盛、客户兴趣浓厚，但它并不能完全说明企业的状况。

例如，在初创时期，亚马逊通过将利润重新投资于增长来推动收入。这一策略使亚马逊能够占据市场份额，确立其在电商领域的主导地位。然而，仅有高收入而无盈利能力可能会带来风险，因为它可能掩盖潜在的低效率或高成本问题。

利润：底线指标

利润是扣除所有支出（如生产成本、工资和税收）后的剩余资金。通常被称为"底线"，利润是企业财务健康状况的最终指示器。它表明企业的运营是否可持续并能否创造长期价值。

盈利能力使企业得以扩展、投资新机会并抵御经济挑战。像苹果这样的公司就展示了盈利能力的力量。虽然苹果的收入很高，但其对效率和高端定价的专注确保了行业领先的利润率，从而实现了持续的再投资和创新。

规模：业务范围

规模指的是企业运营的范围，通常通过市场份额、员工数量、实体分布或地域覆盖来衡量。虽然规模可以反映影响力和市场地位，但它并不必然与盈利能力或成功挂钩。

以Uber为例。这家公司实现了快速增长并获得了全球认可，成为行业中最知名的品牌之一。然而，其对规模的追求往往以牺牲盈利能力为代价。这表明，在追求规模的同时，保持财务可持续性的重要性。

指标之间的相互作用

虽然每个指标单独来看都提供了宝贵的洞察力，但只有将它们综合考虑时，才能真正体现其意义。高收入如果不能带来利润是没有意义的，而过快扩张可能会消耗资源并导致低效。一个能够有效协调收入、利润和规模的企业，更有可能实现可持续的成功。

对于初创企业和小型企业来说，挑战在于在合适的时间优先考虑合适的指标。在早期阶段，收入增长可能是优先事项，因为这是建立市场影响力的关键，但利润始终应是关注的焦点。随着运营变得可扩展和高效，规模增长也将随之而来。

总结

收入、利润和规模构成了企业财务故事的基础，每个指标都为成功的不同方面做出贡献。通过理解它们各自的角色及其相互作用，企业可以做出更明智的决策，并设定现实的增长目标。这些指标不仅是数字——它们是建立长期繁荣业务的工具。

利润是成功的终极衡量标准：利润是目标，而非收入

在商业世界中，收入常常成为焦点。销售额的增长或高额的收入数字可能在纸面上看起来很亮眼，但这些数字并不能全面反映企业的真实状况。真正决定企业能否持续发展和取得成功的，不是它赚了多少钱，而是它能留下多少——即利润。利润，而非收入，是衡量企业生存、增长和繁荣能力的终极标准。

为什么利润比收入更重要

收入（或称营收）是企业通过销售产品或服务获得的总收入。虽然它是衡量市场需求和品牌影响力的重要指标，但它并未考虑到经营成本。如果缺乏有效的管理，高收入可能与低利润甚至亏损并存，使企业面临财务不稳定的风险。

利润则体现了运营效率和企业创造超越成本价值的能力。它使企业能够再投资，支付股东分红，或为未来机会储备资金。如果没有利润，无论收入看起来多么可观，企业都无法长期维持下去。

从商业世界学习的经验

以Costco为例，这家公司以低利润率定价策略而闻名。表面上看，Costco的利润似乎主要来自产品销售，但其真正的利润来源是会员费。这种聪明的策略确保了持续的高利润率收入来源，凸显了了解利润来源的重要性。

同样地，亚马逊在早期阶段优先追求收入增长，甚至以牺牲短期利润为代价。这一策略帮助公司占领了市场份额。然而，亚马逊最终通过优化运营并推出高利润率服务（如AWS，即亚马逊网络服务），将重心转向了盈利能力。这种在收入和利润之间的平衡巩固了其长期成功。

避免"收入陷阱"

许多企业陷入了盲目追逐收入的陷阱，却发现高销售额并不一定能转化为财务健康。例如，一些企业通过大幅折扣来提高销售额，可能会获得令人印象深刻的收入数字，但却难以覆盖运营成本。这种情况是一个明确的提醒：收入只是成功拼图的一部分。

以利润为导向的决策需要超越短期收益，关注长期可持续性。这意味着要提出一些关键问题：你的定价策略是否与成本相符？你是否在有效地再投资利润？你是否避免了削弱利润率的不必要开支？

平衡利润与增长

尽管利润是目标，但这并不意味着可以忽视增长。战略性增长通常需要在短期内牺牲部分盈利能力，例如投资新市场或新产品。关键在于找到平衡点——确保增长计划是经过深思熟虑的，最终能带来更强的盈利能力。

苹果公司很好地诠释了这一点，它通过将创新与对高端定价和成本管理的关注相结合，打造了一个不仅实现增长，而且拥有行业领先利润率的业务模式。

总结

利润不仅仅是一个数字——它是企业的生命线。它使你能够应对挑战，把握机会，并实现长期成功。虽然收入可能是起点，但利润才是最终的目的地。通过关注盈利能力并做出优先考虑可持续增长的决策，你可以打造一个能够在任何市场环境中茁壮成长的企业。

相互作用：收入、利润和规模如何相互影响

收入、利润和规模通常被视为独立的指标，但实际上，它们之间有着深刻的相互关联。每个指标都会显著影响其他指标，理解这种相互作用对于打造成功且可持续的企业至关重要。平衡这些指标并不是选择其一，而是利用它们之间的关系，实现长期增长和稳定性。

收入带来机会，但单靠收入远远不够

收入是每个企业的起点——它反映了企业销售产品或服务以及吸引客户的能力。高收入为扩展运营、开发新产品或进入新市场提供了资金支持，从而创造了扩张和创新的机会。然而，如果没有盈利能力，单靠收入可能会成为一种负担。如果成本始终高于收入，无论收入有多可观，企业最终都将难以为继。

以特斯拉为例，多年来，该公司优先追求收入增长和市场份额，而非即时的盈利能力。这一策略使其成为电动车领域的领导者，但实现持续盈利的压力也逐渐显现。这说明收入可以是成功的跳板，但必须与利润相辅相成才能确保成功。

利润确保稳定，但可能限制增长

利润是企业财务健康状况的指标——它显示了企业将收入转化为可持续收益的效率。高利润率使企业能够再投资自身,应对市场低迷并保持灵活性。然而,过于注重利润最大化有时会扼杀增长机会。为了保护利润而犹豫于扩张、技术投资或创新的企业,可能会被竞争对手超越。

例如,传统零售商西尔斯(Sears)专注于短期盈利,但未能适应消费者行为的变化和电子商务的兴起。相比之下,亚马逊则进行了有计划的风险投资,将利润再投入到基础设施和市场扩张中,最终实现了长期的市场主导地位。

规模放大影响力,但增加复杂性

规模,以市场份额、员工数量或地域覆盖范围来衡量,通常反映了企业的影响力和对行业的推动能力。更大的规模可以带来规模经济、更高的品牌认知度以及与供应商的更强议价能力。然而,如果没有足够的收入或利润支撑快速扩张,企业资源可能会被过度消耗,导致运营效率下降。

优步(Uber)在全球市场的快速扩张展示了专注于规模可能带来的挑战。尽管该公司实现了巨大的市场渗透,但随着运营成本飙升,其盈利能力受到了严重影响。这强调了将规模与可持续的收入和利润策略相结合的重要性。

找到正确的平衡点

收入、利润和规模之间的平衡是一场微妙的博弈。过度关注某一指标而忽略其他指标可能导致问题。例如,优先追求收入增长却未能控制成本可能会侵蚀盈利能力。同样,过快扩张可能超出收入增长的步伐,而过于注重利润可能阻碍必要的增长投资。

要找到正确的平衡点,企业应当:

1. 将收入视为衡量需求和机会的指标。

2. 优先考虑利润，以确保财务健康和可持续性。

3. 战略性地扩展规模，将其作为放大优势的工具，而非过度延伸资源。

总结

收入、利润和规模并不是相互竞争的目标，而是定义企业成功的互补性指标。理解它们之间的相互作用可以帮助企业主做出更明智的决策，无论是管理成本、规划增长还是追求市场主导地位。通过谨慎地平衡这些要素，你可以打造一个在财务、运营和竞争力方面都能蓬勃发展的企业。

从行业巨头汲取教训：大品牌如何优先考虑关键指标

成功的企业并非偶然崛起——它们通过深刻理解并优先关注收入、利润和规模这三个关键指标，成就了辉煌。通过研究行业巨头如何平衡这些指标，创业者可以获得宝贵的洞见，打造出在竞争激烈的市场中可持续发展的企业。

亚马逊：收入作为增长引擎

亚马逊的早期发展以对收入增长的极端重视为标志，即便是以牺牲盈利能力为代价。公司优先考虑市场份额的扩大以及在电子商务领域的主导地位，将所有收益重新投资于基础设施、物流和新市场。创始人杰夫·贝索斯（Jeff Bezos）曾明确表示，公司并不是追求短期利润，而是为长期的主导地位搭建平台。

随着时间的推移，亚马逊逐渐调整策略，通过高利润率的服务（如亚马逊云服务 AWS）和订阅模式（如 Amazon Prime）实现收入增长与盈利的平衡。这里的启示非常清晰：在初创阶段，关注收入有助于建立市场地位，但实现盈利能力对长期成功至关重要。

苹果：以盈利能力为核心指标

与许多公司优先考虑收入或规模不同，苹果始终将盈利能力放在首位。通过打造高利润率的优质产品，公司即使销售量低于某些竞争对手，也能产生可观的利润。苹果对供应链的严密控制和创新的定价策略，使其成为全球最赚钱的公司之一。

苹果的做法表明，从一开始就将业务模式与盈利能力对齐的重要性。这一成功说明，更高的收入并不总能带来更高的利润；相反，重点应放在创造价值和提升效率上。

好市多：以独特模式平衡规模与利润

好市多（Costco）的商业模式堪称在规模与利润间实现平衡的典范。虽然公司在商品上采取极薄的利润率，但通过会员费产生了巨大的利润。这一模式让好市多能够以低价吸引大量顾客，创造显著的规模，同时维持稳定的盈利能力。

好市多的策略强调了了解利润真正来源的重要性。通过识别和利用次要收入来源，企业可以有效平衡竞争性定价、客户获取和利润创造。

特斯拉：规模是通向盈利的门户

特斯拉的历程为规模作为通向盈利的跳板提供了有力示例。早期，特斯拉专注于扩大生产规模并建立其在电动车（EV）行业的市场份额。这一策略需要巨额前期投资，导致多年的财务亏损。然而，一旦特斯拉实现了规模经济，它便开始实现持续盈利，成为电动车市场的领导者。

特斯拉的经验表明，即使在暂时牺牲盈利的情况下，战略性扩张也能为长期成功奠定基础。关键在于确保增长以明确的财务可持续性路径为支撑。

给创业者的启示

这些巨头采用的策略表明，没有一个单一的指标可以主导决策。相反，创业者必须理解其业务的独特需求，并相应地优先考虑指标：

1. 在早期阶段，收入增长可能是建立市场地位的首要目标。

2. 随后必须实现盈利，以确保业务的财务可持续性。

3. 规模扩展应谨慎推进，确保规模能够放大优势而非暴露弱点。

总结

大品牌之所以能够成功，是因为它们理解收入、利润和规模的相互作用，并在适当的时间优先考虑这些指标。无论是启动新企业还是扩展现有业务，从这些例子中汲取教训可以帮助你做出更明智的决策，打造一个稳步增长且可持续的企业。专注于将目标与指标对齐，你的企业也能实现自己的辉煌。

第20章：超越广告与促销：智能、有效、战略性的营销

营销常常被误解为炫目的广告或社交媒体活动的代名词。实际上，营销是一项多层次的战略，远远超越了促销的范畴。它关乎深刻理解受众、传递品牌价值，以及建立能够推动成功的长期关系。若操作得当，营销不再是成本，而是对企业增长的一项投资。

有效的营销始于清晰性——明确你的业务核心价值以及服务的对象。这种清晰性决定了从信息传递到渠道选择的每一个决策。营销并不是试图用更大的声音盖过竞争对手，而是以一种能够引起目标受众共鸣的方式赢得他们的信任和选择。

本章将探讨智能和战略性营销的本质。你将学习营销在何时以及为何至关重要，发现与企业目标相契合的策略，并深入了解如何评估和选择能够实现最大影响力的渠道。无论你是预算有限的初创企业还是希望扩张的成熟企业，这些洞见都将帮助你制定能带来实际效果的营销计划。

智能营销在于平衡——在创意与数据之间，在广泛覆盖与精准投放之间。它是一项不断优化和调整的过程，旨在满足不断变化的受众需求和市场动态。让我们超越广告与促销的表面喧嚣，挖掘那些真正推动增长并让你的企业与众不同的营销策略。

营销的时机与意义

营销不仅仅是一时的活动，而是一项需要在恰当的时间并基于明确目的持续进行的战略性工作。对于许多创业者而言，问题不仅在于如何进行营销，更在于何时开始以及为什么营销如此重要。在营销中，时机和目的决定了其效果及投资回报率。

何时开始营销

简单的回答是：比你想象的要早。营销从你的业务正式启动之前就应该开始。建立期待感、测试想法以及创造品牌认知是奠定成功基础的关键步骤。例如，苹果标志性的产品发布会通常会在数月前通过战略性的预告和宣传拉动需求，在产品上架前便已吸引了大量关注。

对于初创企业而言，营销应从验证阶段甚至更早开始。当你为公司取名、设计 logo、注册域名、创建社交媒体账号以及确定品牌色彩时，你实际上已经在开展营销了。如前所述，营销无处不在——它贯穿了企业呈现自身的每个方面。

建立简单的社交媒体存在感、创建一个登陆页面或建立电子邮件列表，都是吸引兴趣和早期客户的有效工具。这些初步的步骤并不需要大预算，而是依赖于创造力和持续性来提升品牌知名度并建立信任。等待一切完美才开始营销可能会让你错失宝贵的机会，因为早期的营销对于确立存在感和在正式启动之前与受众建立联系至关重要。

为什么营销重要

营销是将你的产品或服务与目标受众连接起来的桥梁。没有营销，即使是最好的创意也可能被埋没。特斯拉就是一个很好的例子。该公司并未在传统广告上大笔投入，而是依靠创新的营销策略，如新品发布会和口碑传播来吸引受众。这种方式奏效，因为特斯拉深谙其市场，并利用自身的独特优势制造话题性和吸引力。

对于小型企业来说，营销同样至关重要。这是你传达价值主张、区分竞争对手以及建立忠诚客户群的方式。无论是通过讲故事、客户评价，还是有针对性的营销活动，出色的营销都能让受众明白为什么你的业务值得他们的关注和消费。

将营销与业务目标对齐

营销不应是随机的；它必须与企业所处阶段和目标保持一致。例如：

预启动阶段：专注于提升认知度和制造期待感。通过预告、预售或独家优惠制造热度。

启动阶段：突出独特价值并引流到你的业务。这是开展促销活动、举办活动或大规模开业的重要时机。

增长阶段：转向保留客户并吸引新的群体。利用忠诚度计划、追加销售以及持续的品牌塑造实现可持续增长。

成熟阶段：在保持客户参与度的同时探索新机会。重新品牌化、进入新市场或推出新产品可能需要重新调整营销策略。

关键在于确保你的营销策略随着业务的发展而不断调整。启动阶段奏效的方法可能在扩展阶段效果减弱，这很正常。重要的是始终以受众为核心展开努力。

总结

营销的"何时"与"为什么"并非理论化的，而是与业务的成功密切相关。尽早开始，明确其意义，并将其与目标对齐，能确保营销不仅仅是一项成本，而是推动增长的动力。无论是吸引第一个客户，还是向更高目标迈进，营销始终是连接你与受众的桥梁，也是助力成功的基石。

评估营销渠道：找到适合你的方法

当今可供选择的营销渠道种类繁多，既令人兴奋又让人不知所措。从传统的户外广告牌和报纸广告到数字平台和体验式营销，每个渠道都提供了与目标受众建立联系的独特机会。然而，并非所有渠道都适合每个企业。要最大化利用资源和提升影响力，你需要评估哪些渠道与受众、目标和预算相契合。

从了解受众开始

选择正确渠道的第一步是了解你的目标受众在哪里花费时间。不同的渠道迎合不同的受众群体和偏好。例如：

社交媒体：Instagram、TikTok 或 Facebook 适合触达年轻、技术精通的受众。

户外广告：广告牌、公交广告或车身广告适合在城市或高人流量地区吸引广泛的本地受众。

印刷媒体：报纸和杂志对特定的受众群体仍然有效，比如本地社区或行业专业人士。

活动营销：海报、横幅和传单是宣传本地活动、发布会或贸易展会的绝佳选择。

数字营销：电子邮件活动、PPC 广告和联盟推广提供了可衡量且有针对性的方式，与特定客户群体建立联系。

例如，可口可乐运用多种渠道——从广告牌和电视广告到社交媒体活动和活动赞助——确保其在全球范围内的品牌知名度和与受众的联系。

探索渠道的广泛可能性

以下是一些额外的营销渠道及其潜在优势：

户外广告牌和公交广告：适用于在大城市进行高可见度的品牌宣传，适合提升品牌知名度。

车身广告和卡车广告：移动的广告牌，可以在本地市场覆盖多样化的受众，而不需要固定位置。

购物车广告：适合目标群体为杂货购物者的品牌，如食品和家庭用品品牌。

电视和广播：传统媒体依然有很强的影响力，尤其适用于面向广泛人群的宣传活动。例如超级碗广告仍是品牌争相购买的黄金时段。

直邮和传单：直接邮寄或分发传单具有触感且更具个人化，尤其适合本地企业，若与折扣或优惠券结合，效果更佳。

活动海报和横幅：非常适合在贸易展会、节日或社区活动中提升品牌可见度。

杂志和报纸：适合面向喜欢深入内容或忠于特定出版物的细分受众群体。

联盟营销：通过与推广你的产品赚取佣金的联盟合作，你可以在无需前期广告费用的情况下接触成熟的受众群体。

优惠券和折扣：通过电子邮件、印刷或社交媒体分发，吸引首次购买者或奖励忠实客户。

衡量渠道的效果

选择正确渠道只是开始。需要定期通过可衡量的指标评估每个渠道的表现：

户外和印刷广告：通过监控特定地点的客流量或直接询问来评估活动效果。

数字渠道：使用分析工具跟踪点击量、转化率和参与度。

活动营销：收集潜在客户信息并衡量参与度或活动后查询量。

联盟营销：跟踪由联盟推广生成的销售或推荐数量。

例如，亚马逊非常注重监控其联盟网络的表现，通过数据判断哪些合作伙伴推动了最多的销售，并据此调整策略。

平衡传统与现代渠道

一个成功的营销策略通常结合传统和现代渠道。例如：

1. 一家本地咖啡店可能使用车身广告、海报和活动赞助来制造本地热度，同时通过 Instagram 展示其氛围和产品吸引关注。

2. 一家科技初创企业可能优先考虑 PPC 和社交媒体广告等数字渠道，同时通过杂志专栏或行业贸易展会建立信誉。

3. Costco 很少依赖电视或广播广告，而是通过店内环境、优惠券和口碑传播来推动客户忠诚度。

总结

面对众多营销渠道，关键在于专注于最适合你的业务和受众的方式。无需面面俱到——成功在于战略性地选择与目标、受众偏好和预算一致的渠道。无论是利用户外广告牌、线上广告还是联盟合作，正确的渠道组合将确保你的信息触达受众并产生实际效果。

最佳营销策略：让产品为你代言

最终的营销策略根植于你的产品或服务本身。当你的产品或服务足够吸引人、有价值且能带来深远影响时，客户会心甘情愿地成为你的推广者。这种方法释放了最强大且最具成本效益的营销形式。在这种策略下，你的产品或服务成为营销的主力军——它激发人们分享他们的体验，向他人推荐，并为你的品牌建立信任，而无需你在传统营销上投入大量资金。

让产品成为核心亮点

这种策略的核心理念是，真正卓越的产品或服务会成为其最好的广告。当客户对你的产品感到真正满意时，他们会自然地愿意分享自己的体验。他们可能会在社交媒体上发布内容，告诉朋友，或者因为产品的品质、性价比、包装、标语、Logo、有趣的外观等原因向同事推荐。这种口碑营销不仅自然，而且非常有说服力，因为它来自值得信赖的来源。

以特斯拉为例。特斯拉并不依赖传统广告，而是让汽车本身说话。车主对特斯拉的性能、设计和技术赞不绝口，形成了一批忠实的粉丝，他们自愿为品牌推广。同样，创造出引人注目的产品将鼓励你的客户为你宣传。

真实口碑的力量

当客户主动为你的产品或服务代言时，其影响是深远的。与有时显得冷漠或强制的付费广告不同，真实用户的推荐具有真实性和可信度。想象一下，有人在社交媒体上分享："这家咖啡店的浓缩咖啡是我喝过的最棒的，他们的会员计划还能免费续杯——一定不要错过！"这种真诚的认可是无价的，比任何付费广告都更有效。

例如，像 Airbnb 这样的公司非常依赖用户生成的内容。客人经常在线分享他们的独特入住体验，将平台的价值展示给他们的社交圈。这种类型的有机推广建立了可信度，吸引了新用户探索服务，而无需传统的营销手段。

专注于价值与体验

为了激活这种策略，你的产品或服务必须提供卓越的价值。仅仅"好"是不够的，它需要是"出色"的。思考一下你的定价、质量、客户服务和整体体验：你是否超出了客户的期望？你是否以无人能比的方式解决了问题？当客户觉得他们得到了最划算的交易或无与伦比的解决方案时，他们会成为你最热情的推广者。

以 Costco 为例。该零售商低价热狗套餐的名声已经成为其价值的象征，吸引顾客光顾，而顾客又将他们的体验分享给朋友。这是一个简单的产品，却能创造话题并建立忠诚度，证明了即使是微小的举措也能产生巨大影响。

轻松且高效的营销

这种策略的美妙之处在于它的效率。你不需要在广告或推广活动上花费巨资，因为你的客户会替你传播。他们的口碑推荐比任何广告都更具说服力，因为它附带个人背书。这不仅节省了资金、精力和时间，还能以自然可信的方式扩大你的影响力。

总结

最好的营销策略就是打造一个如此出色的产品或服务，让你的客户成为你的营销员。通过专注于提供卓越的价值和体验，你赋予了受众主动为你宣传的能力。这种方法不仅节省资源，还能建立信任与信誉，为由真实客户推广驱动的可持续增长奠定基础。当人们相信你提供的产品时，他们会主动告诉全世界——这就是最好的营销方式。

第21章：智慧增长：实现可持续成功的策略

增长是任何企业的生命线，但并非所有的增长都具有同等价值。没有经过深思熟虑的战略，扩展业务可能会导致资源浪费、运营压力增大以及错失良机。而智慧增长则专注于打造不仅规模更大，同时也更强大、更高效、更具韧性的业务。

智慧增长的核心在于平衡——平衡留住现有客户与吸引新客户之间，平衡增加收入与控制成本之间，以及平衡坚持行之有效的方法与探索新机会之间。每一个方面都为可持续的基础做出贡献，使企业即使在竞争激烈或充满挑战的市场中也能蓬勃发展。

本章深入探讨通过智慧增长实现可持续成功的关键策略。你将学习如何在吸引新客户的同时让现有客户保持满意，了解在增加收入和控制成本之间权衡利弊的重要性，以及探索如何多元化收入来源。通过关注这些关键要素，你可以确保你的增长努力不仅带来短期的胜利，更能实现长期的盈利和稳定。

客户留存：可持续增长的基础

吸引新客户固然是业务增长的关键，但留住已有客户才是实现可持续成功的基石。忠诚的客户不仅会重复购买，还会成为品牌的宣传大使，通过口口相传带来积极影响并驱动持续收入。研究表明，留住客户比获取新客户成本更低。事实上，将客户留存率提高5%，可以使利润增长25%至95%，凸显了其重要性。

为什么客户留存很重要

客户留存对企业至关重要，因为它为业务提供了稳定性和可预测性。获取新客户通常需要在营销、销售和激励措施上投入大量成本，而留住现有客户则是建立在已有关系的基础上。这些忠诚客户：

1. 随着时间的推移会增加消费，往往提高平均购买金额。

2. 对小错误更宽容，因为他们信任你的品牌。

3. 充当品牌大使，以零成本为你的业务带来更多推荐。

例如，亚马逊的成功很大程度上依赖于其 Prime 会员计划。通过免费送货和独家优惠等福利，Prime 鼓励客户忠诚，从而确保稳定的收入流并建立长期的客户关系。

客户留存策略

1. **提供始终如一的质量**
   一致性建立信任。确保你的产品或服务每次都能满足或超出客户的期望。可靠的体验是将首次购买者转变为回头客的关键。

2. **保持定期互动**
   通过个性化邮件、忠诚度计划或独家优惠与客户保持联系。例如，星巴克的奖励应用程序通过提供免费饮品和折扣来鼓励客户多次光顾。

3. **倾听并适应**
   定期收集反馈，了解客户喜欢什么以及需要改进的地方。快速解决客户的担忧，表明你重视他们的意见，并致力于满足他们的需求。

4. **超越交易**

与客户建立关系。这可以通过提供教育内容、举办活动或简单地提供卓越的客户服务来实现。比如，丝芙兰通过教程、美容建议和用户互动建立了一个社区，为客户创造了归属感。

留存与获客：寻找平衡点

尽管客户留存是基础，但同样重要的是平衡吸引新客户的努力。然而，如果没有强大的留存策略，你可能会浪费资源去获取无法长期留存的客户。一个忠诚的客户群为业务的可持续扩展提供了稳定性，让你可以在不危及核心业务的情况下自信地投资于增长计划。

总结

客户留存不仅仅是一个指标；它是构建弹性和盈利业务的战略。通过专注于提供价值、建立关系并保持持续互动，你可以将一次性买家转变为终身客户。这种忠诚不仅能稳定你的收入，还为你的业务提供了一个能够实现更智能、更强大、更可持续增长的基础。

赢得新客户：扩展客户群的策略

吸引新客户是推动业务增长的关键组成部分。虽然留住现有客户可以带来稳定性，但获取新客户能够确保企业持续发展、进入新市场并实现规模化增长。赢得新客户不仅仅是广撒网，更是通过针对性的策略接触正确的目标受众，确保营销努力建立持久的客户关系，而不仅仅是一次性交易。

理解理想客户

赢得新客户的第一步是明确你想要吸引的对象。一个明确的客户画像可以让你的营销工作更有针对性。这意味着你需要了解：

人口统计：年龄、性别、收入和地理位置。

行为习惯：他们如何购物、决策受哪些因素影响、以及他们在线或线下的活动地点。

需求和痛点：他们面临的问题是什么，而你的产品或服务如何解决这些问题。

例如，Airbnb 成功扩展了客户群体，通过识别那些寻求独特且实惠住宿体验的旅行者。他们通过量身定制的在线营销活动和展示真实客人体验的用户生成内容，有效地吸引了这些目标客户。

利用多渠道营销

接触新客户需要采用多渠道方法。不同的客户活跃在不同的地方，因此多样化的营销努力可以增加与他们建立联系的机会：

社交媒体：Instagram、TikTok 和 LinkedIn 等平台可以通过吸引人的内容精准定位特定人群。

搜索引擎营销 (SEM)：Google Ads 和 SEO 策略能够吸引主动搜索解决方案的客户。

传统广告：广告牌、传单或活动赞助能够触及本地或更广泛的受众群体。

合作与推荐：与互补的企业合作，或激励现有客户推荐他们的朋友。

例如，特斯拉使用推荐计划奖励为其带来新买家的客户，将满意的客户转化为品牌的主动推广者。

提供激励措施

激励措施对吸引新客户具有强大的吸引力。折扣、免费试用或捆绑优惠可以为潜在客户提供选择你产品或服务的理由。例如：

1. Spotify 提供其高级服务的免费试用期，鼓励用户先体验其优势后再做决定。

2. Costco 的免费一日会员体验，让非会员探索商店的价值并考虑加入。

确保你的激励措施符合企业目标和目标受众的需求。过度折扣可能吸引对价格敏感但忠诚度较低的客户，因此需要在慷慨和长期留存策略之间找到平衡。

构建信任和信誉

新客户更愿意与他们信任的企业互动。通过以下方式建立可信度：

1. 展示满意客户的推荐和评论。

2. 突出显示能够提升品牌权威的奖项、认证或媒体报道。

3. 对政策、定价和企业价值观保持透明。

例如，Patagonia 利用其对可持续性的承诺赢得信任并吸引环保意识强的客户。

注重客户体验

赢得客户不仅仅是完成第一次购买，而是要创造让他们愿意再次光顾的难忘体验。确保客户的入门流程流畅、沟通清晰以及服务卓越。一个满意的首次客户更有可能推荐你的业务并进行未来的购买。

总结

扩大客户群是业务增长的重要组成部分，但需要的不仅仅是引人注目的广告或诱人的优惠。通过理解理想客户、利用多样化的渠道以及通过价值驱动的策略建立信任，你可以吸引新客户并让他们成为长期支持者。赢得新客户不仅仅是数字上的成功，更是建立驱动持续成功的连接。

老客户与新客户都至关重要

在打造成功业务的过程中，平衡留住现有客户和吸引新客户的努力是关键。老客户和新客户都能带来独特的价值，而仅关注某一类客户可能会限制业务的增长潜力。忠诚客户提供了稳定性和经常性收入，而新客户则为业务注入新活力、新机遇和市场洞察。

老客户的价值

现有客户通常是业务的基石。他们已经体验过你的产品或服务，更可能信任并继续回购。忠诚客户的优势包括：

提供稳定收入：回头客为可预测的现金流提供保障，减少对不断获取新客户的依赖。

成为品牌代言人：满意的客户会向他人推荐你的业务，推动有机增长。

维护成本更低：研究表明，保留客户的成本远低于获取新客户的成本。

苹果公司是客户忠诚度力量的典范。其生态系统战略将 iPhone、iPad 和 Mac 等设备紧密集成，鼓励客户留在品牌内部，从而推动重复购买并建立长期关系。

新客户的价值

虽然保留客户至关重要，但新客户对于增长和创新同样重要。他们的优势包括：

扩大市场覆盖：新客户帮助业务进入未开发的市场并扩大品牌受众。

提供新视角：与新客户的互动能够提供关于不断变化的趋势和偏好的洞察，帮助优化产品或服务。

推动收入增长：获取新客户对于扩展业务规模并弥补自然客户流失至关重要。

以 Netflix 为例，该公司通过不断扩展其内容库以吸引新用户，涵盖不同的受众群体和地区，确保其在全球娱乐领域保持领先地位。

找到合适的平衡点

老客户和新客户都很重要，但其重要性可能会因业务所处阶段而有所不同：

初创及早期阶段：更多关注获取新客户，以建立市场存在感和客户基础。

增长与成熟阶段：平衡保留与获取的努力，既保持稳定又实现扩展。

成熟企业：优先考虑客户保留，以忠诚客户作为核心收入来源，同时有策略地吸引新买家。

星巴克是这种平衡的典范。该公司通过 Starbucks Rewards 等忠诚计划大力投资保留客户，同时通过推出季节性饮品或扩展至全球市场等创新活动吸引新客户。

结论

老客户和新客户是成功业务的两面，同样不可或缺。保留忠诚客户确保了稳定性和盈利能力，而吸引新客户推动了增长和创新。通过认识每类客户的独特角色，并相应地调整你的策略，你可以打造一个不仅能够增长，还能在长期内保持成功的业务。

收入增长与成本控制：通往盈利的最佳路径

盈利是所有企业的最终目标，但通向盈利的道路往往引发一个关键问题：应该专注于增加收入还是控制成本？这两种策略各有优劣，正确的选择取决于企业所处的阶段、行业特点以及具体情况。通常，平衡两者是实现可持续成功的关键。

增加收入的优势

收入增长是提高盈利能力最直接的方式。通过扩大市场、增加销售或推出新产品和服务，企业可以推动更高的收入，并将其再投资于业务以实现进一步增长。

例如，亚马逊优先关注收入增长，不断多元化其业务，包括推出 AWS、Prime 会员和第三方市场服务。这种创建多个收入来源的策略推动了亚马逊成为世界上最有价值的公司之一。

专注于收入增长的优势包括：

市场扩展：吸引更多客户可巩固市场地位。

规模经济：更高的销售量可以降低每单位成本，从而随着时间的推移增加盈利能力。

再投资机会：额外收入可用于创新、营销或基础设施建设。

然而，仅关注收入增长而忽视成本管理可能会导致效率低下和收益递减。

控制成本的优势

另一方面，控制成本是一种常被低估但非常有效的提升盈利能力的手段。通过优化运营、与供应商协商更好的合同或改进工作流程，企业可以在不增加销售的情况下提高利润率。

Costco 是一家在成本控制方面表现出色的企业典范。通过专注于高效的供应链管理和保持低运营成本，Costco 为客户提供无与伦比的价值，同时即使产品利润微薄也能维持健康的利润率。

专注于成本控制的优势包括：

提高利润率：更低的成本直接转化为更高的盈利能力。

风险缓解：受控的费用在经济低迷时期减少财务压力。

可持续性：高效的运营为长期增长奠定稳定的基础。

然而，过度削减成本可能会损害产品质量、员工士气和客户满意度，从而对收入产生负面影响。

收入与成本的相互作用

通往盈利的最佳路径通常在于平衡收入增长与成本控制。结合的方法可以确保企业在扩展时保持高效并具有财务稳健性。例如：

特斯拉：最初专注于通过扩大生产和占领电动汽车市场份额来增加收入。随着时间的推移，特斯拉通过垂直整合和技术进步控制成本，最终实现了持续盈利。

麦当劳：通过提供经济实惠的菜单（成本控制）和使用套餐促销等价值驱动的活动来增加销量（收入增长），在收入增长与成本控制之间实现了平衡。

如何选择合适的路径？

企业的优先事项应决定其关注点：

初创与早期阶段：收入增长通常优先，以建立市场存在感并吸引投资者。

扩展阶段：收入增长与成本控制的双重关注对于实现高效增长至关重要。

成熟企业：成本控制更为关键，用以维持盈利能力并应对市场波动。

结论

收入增长和成本控制并非互相排斥；它们是互补的策略，平衡两者可以实现盈利。通过了解每种方法的优势与局限性，并将其与企业的阶段和目标相一致，可以规划一条通往可持续成功的道路。关键在于聪明地增长，确保每一笔赚取或节省的资金都能为构建更强大、更具韧性的业务做出贡献。

解锁新收入来源：通过多元化实现繁荣

依赖单一收入来源会让企业容易受到市场波动、消费者行为变化或意外冲击的影响。多元化收入来源不仅能保护企业免受这些风险，还能创造增长和创新的机会。解锁新的收入来源是一种让企业在不确定环境下仍能蓬勃发展的战略。

为什么多元化很重要

多元化的收入模式可以提供稳定性和韧性。如果一个收入来源表现不佳，其他来源可以弥补，确保收入流的持续性。这种策略是许多全球企业成功的标志：

亚马逊：起初是一家在线书店，但很快扩展到电子产品、云计算（AWS）、订阅服务（Prime）和广告业务。每个新的收入来源都为亚马逊的增长做出了贡献，减少了对单一类别的依赖。

迪士尼：通过主题公园、流媒体服务（Disney+）、商品销售和票房收入来创收。这种多元化使公司能够在多个市场和收入渠道中利用其品牌优势。

对于初创企业来说，多元化可能显得雄心勃勃，但这是从识别互补机会开始的一个关键长期目标。

如何识别新收入来源

1. **分析现有业务**：审视核心产品或服务，寻找自然的延伸或增销机会。例如，一家咖啡店可以出售品牌商品如咖啡杯，或推出特色咖啡订阅服务。

2. **利用专业知识**：利用团队的技能或知识开发新服务。例如，一家搬家公司可以增加打包服务或提供储存解决方案。

3. **探索新市场**：考虑现有产品如何满足不同受众的需求。例如，特斯拉利用其电动车技术，拓展到家庭和企业的电池储能解决方案。

4. **采用技术手段**：数字产品和服务通常提供可扩展且高利润率的收入机会。如果您的业务在实体空间运营，可以考虑提供虚拟咨询、在线课程或基于订阅的数字产品。

收入创新的案例

Costco：以低利润率的产品闻名，Costco通过会员费创造了可观的利润，为其提供了稳定、可预测的收入来源。

苹果：除了销售设备外，苹果还通过 App Store、Apple Music 和 iCloud 服务赚取了大量收入，使其生态系统既粘性高又极具盈利能力。

麦当劳：虽然菜单项目推动了销量，但麦当劳通过房地产收入也创造了可观的利润，为特许经营商出租物业。

在创新与核心业务之间找到平衡

尽管多元化很重要，但它不应分散对核心业务的关注。找到正确的平衡至关重要：

1. 避免过度扩展资源，先小规模测试新想法。

2. 确保新收入来源与品牌保持一致并为客户增加价值。

3. 监控表现，并终止那些未能带来显著成果的项目。

Netflix 提供了一个宝贵的教训。最初专注于 DVD 租赁，公司转向流媒体服务，后来又涉足原创内容制作。每一个新的收入来源都强化了其提供娱乐的核心价值，打造了一个连贯且繁荣的商业模式。

结论

解锁新的收入来源是多元化企业、降低风险和创造可持续增长机会的强大手段。通过利用自身优势、分析市场趋势，以及确保新举措与核心价值相一致，企业能够保持适应性和韧性。多元化不仅是为了生存，更是为了在不断变化的市场环境中实现繁荣发展。

第22章：主导市场：竞争

在充满活力的商业世界中，竞争是不可避免的。要想成功，你不仅需要参与竞争，更需要通过强化自己的地位、保护独特的产品或服务以及推动业务超越竞争对手的策略来主导市场。真正的竞争不仅仅是为了生存，而是要让你的业务脱颖而出，吸引客户，建立忠诚度，并确保长期增长。

主导市场需要多方面的努力。你需要一款强大的产品或服务作为核心竞争力，具备保护知识产权的前瞻性眼光，保持创新的创造力，以及通过战略性合作扩大影响力的能力。这些策略不仅能保护你免受竞争对手的威胁，还能积极创造超越他们的机会。

本章将引导你掌握智慧竞争的关键要素，包括打造强大的核心产品或服务、保护业务免受模仿者的侵害、通过创新保持领先地位，以及利用战略合作伙伴关系在市场中占据无可匹敌的位置。通过采用这些原则，你可以将竞争从挑战转化为成功的催化剂。

强大：终极竞争策略

在商业中，强大是成功的基石。最强大的公司并非通过运气或花招来主导市场，而是通过持续提供卓越的价值、建立信任并从竞争中脱颖而出。强大不仅仅意味着拥有优秀的产品或服务，还包括高效的运营、客户忠诚度、品牌认知度以及应对挑战的能力。

通过质量打造强大基础

成为强大的第一步是精益求精，提供卓越的产品或服务。优质的产品或服务能够留下深刻的印象，促进回头客，并吸引口碑推荐。客户更倾向于选择始终满足或超出其期望的品牌。

以苹果公司为例，其强大之处在于创造了创新、高质量的产品，这些产品无缝集成到更广泛的生态系统中。这种方法不仅吸引了新客户，也留住了现有客户，巩固了其在科技市场的主导地位。通过优先考虑质量和用户体验，苹果保持了强大的竞争优势。

韧性：适应市场变化

强大的企业还具有韧性。市场趋势、经济衰退以及消费者行为的变化是不可避免的，但快速适应的公司能够将挑战转化为机会。以奈飞（Netflix）为例，最初是一个DVD租赁服务商，但它在市场开始转型时迅速转向流媒体服务，使竞争对手措手不及。其预测和应对变化的能力巩固了其行业领袖的地位。

韧性还来自于构建多元化的收入来源和强大的运营结构。当业务的某一部分受到压力时，其他领域可以支持其稳定和增长。

投资于团队

团队是企业最强大的资源之一。技能娴熟、积极主动、忠诚的员工推动着创新并确保业务的顺畅运作。强大的企业优先招募优秀人才，提供具有竞争力的福利，并营造积极的企业文化。像谷歌这样的公司之所以能够蓬勃发展，是因为它赋予员工资源和自由去创新，使其成为技术和创意领域的领导者。

客户忠诚度带来的力量

强大的企业还源于客户的信任和忠诚。忠诚的客户群不仅提供稳定的收入，还可以成为抵御竞争对手的屏障。好市多（Costco）便是一个典范，通过关注会员价值、保持一致的质量，并通过会员制强化信任，其忠实客户确保了稳定的客流量和长期盈利能力。

一致性的力量

在交付、信息传递和客户服务上的一致性能够建立竞争对手难以匹敌的声誉。当客户知道自己可以期待什么时，他们会回头购买，并且会口口相传。麦当劳（McDonald's）在这一策略上做得炉火纯青。无论你身处世界何地，你都知道巨无霸（Big Mac）的味道。这种一致性使麦当劳成为全球化的象征。

结论

在商业中，强大并不是通过蛮力压倒对手，而是通过打造质量、韧性和信任的基础，使企业成为所在领域的领导者。通过专注于提供卓越的价值、投资于团队、适应变化以及赢得客户忠诚，你不仅可以让你的企业参与竞争，还可以使其占据主导地位。强大不仅赢得战斗，还定义了市场中的领袖。

保护您的企业：知识产权与市场定位

在竞争激烈的商业世界中，保护让您与众不同的元素至关重要。您的独特想法、产品、服务和品牌身份是企业的生命线。如果缺乏适当的保护，竞争对手可能会复制或稀释您的产品和服务，削弱您的市场地位和盈利能力。保护企业不仅是一种防御措施，更是一种确保长期成功并保持竞争优势的主动策略。

知识产权（IP）的重要性

知识产权（IP）保护对于维护您的独特创新和创意至关重要。无论是产品设计、软件、品牌名称还是营销理念，知识产权法律都能提供法律保障，防止他人利用您的创意。

商标：保护您的品牌身份，包括名称、标志和口号。例如，耐克的"钩子"标志和"Just Do It"口号因其高度辨识度而受到法律保护。

专利：保护您的发明，确保竞争对手无法复制您的创新。例如，特斯拉拥有大量电动车技术专利，为其提供了竞争优势。

版权：保护您的创意作品，如书籍、音乐和软件。迪士尼的角色和电影库通过版权法得到了广泛保护。

商业秘密：保护机密流程或配方，例如可口可乐的秘密配方，这仍是全球最著名的商业秘密之一。

注册知识产权不仅保护您的创意，还能为您的企业增值。投资者和合作伙伴通常将强大的知识产权组合视为创新和安全的标志。

市场定位作为保护手段

市场定位指的是在客户心中为您的品牌划分一个独特的空间。明确的市场定位不仅能吸引目标客户，还能让竞争对手难以模仿您的成功。

差异化您的品牌：突出您企业的独特之处。例如，苹果专注于设计和用户体验，使其从其他科技公司中脱颖而出，建立了强大的市场地位。

建立信任和忠诚：一致性和可靠性能够培养客户忠诚度，这本身就是一种保护屏障。例如，巴塔哥尼亚通过与其可持续发展的价值观保持一致的商业实践，赢得了客户的信任。

创建情感连接：情感品牌化能建立难以被竞争对手打破的纽带。例如，耐克不仅销售鞋子，还通过其营销和产品设计激励客户"敢想敢做"。

有效地定位您的企业，即使竞争对手试图复制您的产品或服务，客户仍会认出并更倾向于选择您的品牌。

应对模仿者

在竞争激烈的市场中，竞争对手复制您的创意或产品是不可避免的，但您可以采取措施将影响降到最低：

监控市场：密切关注竞争对手，及时发现潜在的侵权或模仿行为。

执行您的权利：当有人侵犯您的知识产权时，不要犹豫采取法律行动。例如，乐高成功地捍卫了其积木设计，对抗模仿者，保持了市场主导地位。

持续创新：通过不断创新保持领先，让竞争对手难以追赶。例如，亚马逊持续为其平台添加功能和服务，遏制了竞争对手的威胁。

平衡保护与开放

尽管保护您的企业至关重要，但避免过于封闭。过度保护可能会抑制合作和增长的机会。例如，特斯拉将部分专利开源，以鼓励电动车的发展，同时加强了其在行业中的领导地位。

结论

通过知识产权和市场定位保护您的企业，不仅仅是防御竞争对手，更是确保长期增长和价值的一种策略。通过保护独特的资产并在市场中划分清晰的身份，您能够确保您的企业保持韧性、创新性，并被客户优先选择。在竞争激烈的世界中，强有力的保护是持久成功的基础。

以创新竞争：引领趋势

在快节奏的商业环境中，创新不仅是竞争优势，更是生存的必要条件。那些持续创新并适应新兴趋势的公司能够确立市场领导地位，而抗拒变化的企业则面临被淘汰的风险。要保持领先地位，企业必须培养创新文化，拥抱新技术，并在竞争对手之前预测和满足客户需求。

创新在竞争优势中的作用

创新让企业能够创造独特价值、与众不同并开拓新市场。这不仅仅是推出新产品，还包括改进流程、提升客户体验以及重新思考商业模式。

苹果的生态系统：苹果不仅销售单一设备，而是通过打造集成的产品和服务生态系统实现了创新，使竞争对手难以匹敌其无缝体验。

奈飞的流媒体模式：从DVD租赁转向流媒体，奈飞颠覆了娱乐行业，并为内容消费设定了新标准。

特斯拉的电动车领导地位：特斯拉在电池技术、自动驾驶和可持续能源方面的突破性进展重新定义了汽车行业，让竞争对手争相追赶。

这样的创新不仅吸引了客户，还重新定义了整个行业，将创新者远远甩在前方。

拥抱新兴趋势

及早识别并利用趋势可以提供显著的竞争优势。要引领趋势，需要保持警惕并愿意承担经过计算的风险：

关注行业发展：了解技术进步、市场变化和消费者行为的转变。像Gartner或麦肯锡等平台提供有价值的洞察。

试验并迭代：在全面推出之前进行小规模创新测试。例如，星巴克会在特定地点试推新菜单，以了解客户兴趣，然后再全国范围推广。

跳出行业思维：跨行业的趋势常常引发突破性创意。Airbnb借鉴了共享经济的理念，彻底改变了酒店行业。

培养创新文化

企业的创新能力与其文化息息相关。鼓励员工的创造力、协作和试验精神能够推动突破性创意的诞生：

鼓励员工参与：一线员工通常最了解客户的痛点和潜在解决方案。谷歌的"20%时间"政策允许员工从事他们感兴趣的项目，催生了像Gmail这样的创新。

奖励冒险精神：即使创新失败也要庆祝这些尝试，营造一种员工可以安心试验而不必担心后果的环境。

投资研发：投入资源进行研究与开发，以保持行业前沿。例如，制药公司在研发上的投入对发现和推出新药至关重要。

适应性：保持相关性的关键

创新不是一次性的事件，而是一个持续的过程。能够快速适应变化的企业更有可能超越竞争对手：

柯达的教训：尽管发明了数码相机，柯达却未能适应从胶卷到数码摄影的转变，最终走向衰落。

亚马逊的演变：亚马逊从一家在线书店起步，但通过不断适应，推出新类别、Prime服务、AWS等业务，在多个行业保持领先地位。

结论

以创新竞争意味着保持主动、拥抱变化，并不断寻求创造价值的新方式。通过培养鼓励创造力的文化，密切关注新兴趋势，并快速适应市场需求，企业可以确保自己在行业中的领先地位。在争夺市场主导地位的竞赛中，创新不仅是一种策略，更是一种确保长期成功的心态。

战略联盟：通过合作巩固市场地位

在当今互联的商业世界中，独自行动并非总是最优策略。战略联盟——企业之间为实现共同目标而建立的合作伙伴关系——是一种强有力的方式，可以巩固您的市场地位、触及新客户并共享资源。通过与合适的合作伙伴协作，您可以利用他们的优势补充自己的能力，创造推动增长和创新的协同效应。

合作的力量

战略联盟让企业能够整合资源、专业知识和网络，以实现单独行动可能难以达到的目标。这种合作形式多种多样，包括合资企业、联合品牌或供应链合作。

例如：

星巴克与百事可乐：星巴克与百事可乐合作，在全球范围内分销瓶装咖啡饮品。这一联盟让星巴克得以利用百事可乐庞大的分销网络，大幅扩大了市场覆盖范围。

Spotify与Uber：Spotify将其音乐平台与Uber的服务整合，提升了双方的客户体验并增强了市场吸引力。

这些案例表明，两家公司携手合作可以达到单独行动远远无法实现的效果。

选择合适的合作伙伴

并非所有的合作关系都是平等的。选择合适的合作伙伴对战略联盟的成功至关重要。寻找那些能够：

补充您的优势：寻找能够弥补您自身能力空缺的合作伙伴。例如，小型食品生产商可以与物流公司合作改善分销。

分享您的价值观：在核心价值观上保持一致能确保更顺畅的合作，并避免冲突。

拥有兼容的目标受众：当两家公司面向相似或重叠的客户群时，合作效果最为显著。

例如，苹果与爱马仕的合作推出了高端Apple Watch表带。这一联盟将苹果的科技与爱马仕的奢侈品牌形象结合起来，吸引了高端、注重时尚的消费者群体。

战略联盟的益处

进入新市场：合作伙伴关系可以打开您单靠自身难以进入的受众或地区的大门。

成本与风险分担：通过分担新项目的成本和风险，双方可以在不超出资源限制的情况下测试想法。

提升信誉度：与知名品牌合作可以提高您的声誉并增加客户信任。

创新机会：合作往往能激发新思路，推出创新的产品或服务。

例如，麦当劳与可口可乐的合作始于几十年前，两大品牌自此携手合作，通过价值套餐和联合促销活动实现了双赢。

应对挑战

尽管联盟具有优势，但也可能伴随潜在挑战：

目标冲突：目标不一致可能引发紧张局势。明确的沟通和共享目标至关重要。

资源不平衡：如果一方贡献明显更多，联盟可能会显得不公平。

控制权的丧失：合作需要妥协，这可能意味着放弃对某些业务方面的部分控制权。

亚马逊与第三方卖家的合作关系就体现了对联盟的谨慎管理需求。这一合作扩大了亚马逊的产品供应，但也需要严格的监督以保持质量和客户信任。

通过联盟实现市场主导

最成功的联盟是那些为双方及其客户创造价值的合作关系。通过专注于互补的优势、共同的价值观和长期目标，企业可以将合作伙伴关系转变为推动增长和创新的强大工具。

结论

战略联盟不仅仅是合作，它是放大企业优势、降低风险和扩大影响范围的机会。在竞争激烈的市场中，明智地选择合作伙伴可以让您脱颖而出，提供帮助您主导行业的优势。关键在于找到合适的伙伴，确保目标一致，并建立基于相互信任与尊重的关系。携手合作，您将能够实现单独行动无法企及的成就。

第23章：扩展团队，壮大业务：团队规模化

扩展业务不仅仅是增加生产或扩大市场规模，还包括发展支撑业务的团队。随着企业的发展，对员工的需求也会发生变化，这需要新角色、更多技能以及更大的团队来满足不断增长的需求。如果忽视团队的有效扩展，可能会导致错失机会、员工超负荷工作以及业务发展动力的丧失。

然而，团队规模化并非没有挑战。它需要在增长与企业文化之间取得平衡，确保新加入的员工能够与公司的价值观和使命保持一致。同时，这也需要在招募新人才、内部晋升以及培训现有员工之间做出战略性决策。

本章将深入探讨随着业务增长而扩展团队的复杂性。从理解团队增长为何与业务扩展同样重要，到应对团队规模化过程中面临的挑战，再到在招聘与内部晋升之间进行决策，您将收获如何建立与业务同步增长的团队的宝贵见解。毕竟，一个强大的团队不仅仅是企业的支持系统，更是推动公司前进的引擎。

与业务同步扩展团队

随着业务的增长，支持团队也必须不断扩展和演变，以满足日益增加的需求。一个合理规模化的团队并不仅仅是增加人员数量，还需要确保团队的结构、技能和文化与业务增长轨迹相一致。与业务同步扩展团队对于保持增长动力、维持运营效率以及推动创新至关重要。

团队增长为何不可或缺

当企业扩展时，随之而来的挑战也会增加。更多的客户意味着更多的咨询请求，更高的生产水平需要更多人手，新市场则需要专业化的技能。如果团队未能与业务同步增长，可能会导致瓶颈、员工过劳以及服务质量下降。

以亚马逊的快速扩张为例：该公司从一个管理在线书店的小团队成长为一个全球性的员工队伍，负责物流、云计算和流媒体服务。每一个增长阶段都需要战略性地扩展团队，以确保运营效率和客户满意度。

结构的重要性

扩展团队不仅仅是招聘新员工，还需要重新评估和调整角色与职责。随着业务的增长，某些职能会变得更加复杂，可能需要创建新的岗位或部门。

例如：

1. 一个初创公司的创始人可能最初亲自处理所有客户服务工作，但随着公司的发展，这一角色可能会扩展为一个专门的客户支持团队。

2. 一家物流公司在扩展到新区域时，可能需要区域经理来监督运营，确保规模的扩大不会影响服务质量。

建立清晰的结构和层级可以防止混乱，简化决策过程，并在企业规模化过程中促进责任感。

平衡增长与文化

在扩展团队的同时，保持企业文化是一个重要的挑战。新成员的加入会带来新观点，但也可能稀释企业成功的价值观和身份。

谷歌在全球扩展到数万人时，通过将企业文化融入新员工的入职流程并保持开放的沟通渠道，成功地实现了这种平衡。明确表达企业的价值观，并专注于招聘与企业使命一致的员工，可以帮助在快速扩张中维护公司的文化内核。

以合适的节奏扩展

扩展过快可能导致低效，而扩展过慢则可能让现有团队不堪重负。一个有节奏的扩展方式可以确保增长的可持续性：

1. 评估当前的工作量并预测未来需求。

2. 确定可能阻碍增长的技能或能力差距。

3. 优先填补直接影响业务增长目标的关键岗位。

例如，Slack最初专注于打造一个小型但高技能的团队，以完善其产品，然后才扩展员工队伍以支持更广泛的市场接受度。这种分阶段的增长方式帮助公司维持了质量和效率。

结论

与业务同步扩展团队是一个需要前瞻性、规划性和适应性的战略过程。通过将团队增长与业务目标对齐，保持强大的企业文化，并以适当的节奏扩展，您可以打造一支不仅支持扩展还推动扩展的团队。一个合理规模化的团队不仅仅是资源，更是确保企业在动态市场中蓬勃发展的竞争优势

规模化的风险与挑战：为团队增长做好准备

业务规模化常被视为成功的重要里程碑，但增长伴随着一系列挑战，尤其是在扩展团队时。如果没有充分准备，规模化可能会使企业面临效率下降、文化弱化以及盈利能力受损的风险。为团队的成长做好准备，不仅是管理任务，更是战略需求。

运营压力：规模化的首要风险

缺乏准备的规模化最主要的风险之一是运营压力。当团队未能为随之而来的工作量增加做好准备时，问题就会暴露出来。截止日期被延误、质量下降、客户满意度受损。例如，许多电子商务初创企业在旺季扩展销售时，如果未能加强物流团队，就会经历配送延误的困境。增长会放大运营中的每一个薄弱环节，因此在扩展之前加强团队至关重要。

文化保护的挑战

保持企业文化是另一个难题。快速招聘常常导致新员工未能完全认同公司的价值观或使命。曾经在团队中建立的初期凝聚力和共同愿景可能会被稀释。这种现象在快速扩张的科技初创公司中尤为常见，文化认同的分裂不仅使老员工感到疏远，也让新员工难以融入。要成功实现规模化，必须确保文化在演变的过程中保持其核心本质。

财务风险：团队扩展的成本

扩展团队需要投入，不仅包括薪资，还涉及培训、设备和基础设施。高估需求可能导致人力过剩和资源浪费，而低估需求则可能让企业错失机会，准备不足。像亚马逊这样的公司，通过有计划的扩展来规避风险，例如在季节性高峰期雇佣临时员工，以测试人员需求后再进行永久调整。

领导力的缺口

领导力的不足是另一个显著障碍。随着团队规模扩大，企业需要经验丰富的管理者来监督新部门或扩展的运营。没有足够的领导支持，即使是最优秀的团队也可能失去方向。星巴克等公司重视领导力发展项目，确保团队能够随着业务扩展而同步成长。

应对规模化挑战的关键步骤

为了为团队增长做好准备，必须有计划地采取行动：

明确关键角色和职责：识别每个扩展阶段至关重要的职位，并设定清晰的职责分工。

投资于领导力发展：培养内部人才，使其准备好担任更大的角色。

采用可扩展的系统和流程：支持沟通和项目管理的系统可以帮助团队在扩展过程中避免疏离或不堪重负。

同时，必须注重维护企业文化。在招聘和员工入职过程中，将公司的价值观作为核心内容，使每一位新员工都能将其内化。增长不应意味着失去企业的独特性，而是将其进一步放大。

结论

团队规模化不仅是增加人数，而是以正确的方式增加合适的人。通过理解风险、直面挑战并进行周密准备，您可以将团队增长转化为推动企业长期成功的强大引擎。

招聘与晋升：为未来打造合适的团队

随着企业的规模扩大，您将面临的关键决策之一是选择招聘新人才还是内部晋升。这两种方法各有优劣，正确的选择通常取决于企业的具体需求、文化以及增长轨迹。平衡这两种策略是构建支持长期愿景、同时保持稳定和士气的关键。

内部晋升的优势

从内部晋升员工可以提升士气、增强忠诚度并巩固企业文化。当团队成员看到晋升机会时，他们更有可能保持投入和动力。这种方法还能减少入职培训时间，因为内部候选人已经熟悉公司的流程、价值观和目标。

例如，星巴克长期以来倡导将咖啡师晋升为管理岗位。这一做法不仅回报了员工的忠诚，还确保管理者对公司的文化和运营有深入了解。同样，沃尔玛经常将员工晋升到更高的职位，培养了一批经验丰富的人才。

然而，内部晋升有时会在企业的其他领域造成空缺。晋升一名员工可能会让他们之前的岗位出现职位空白，需进行额外招聘或内部调整。此外，确保晋升基于能力和准备，而不仅仅是资历，同样重要。

招聘新人才的益处

外部招聘能够为团队带来新的视角、新的技能和专业知识。随着企业的增长，可能需要当前员工不具备的技能。外部招聘可以弥补这些差距，并为团队注入创新思维。

例如，苹果在扩展其设计团队时，聘用了像乔纳森·艾维（Jony Ive）这样的外部专家，他的远见和创造力在塑造公司标志性产品方面发挥了关键作用。同样，初创企业经常从大型公司招募资深专业人士，以凭借行业经验引导其扩张过程。

然而，外部招聘可能既耗时又昂贵。新员工需要时间适应公司的文化和流程，并且始终存在他们可能无法与团队良好融合的风险。仔细的筛选和入职培训对确保成功融入至关重要。

找到平衡点

最有效的方法通常是结合两种策略。通过内部晋升保留组织知识和回报忠诚，同时通过外部招聘引入新的技能和视角。这种平衡使您能够从内部加强团队，同时为新的挑战做好准备。

可以考虑采用以下实践：

1. 对需要深入了解公司文化和运营的岗位进行内部晋升。

2. 对需要新技能和新视角的专业或技术岗位进行外部招聘。

3. 提供培训和指导，为现有员工未来的晋升做好准备，建立一支随时可用的人才梯队。

结论

招聘与晋升的决策并非二选一，而是一种随着企业需求不断发展的动态策略。通过了解每种方法的优势和局限性，您可以构建一支不仅支持当前目标，还能为企业可持续成功奠定基础的团队。内部成长与外部专业知识的合理结合，能够确保您的团队保持适应性、创新性，并为未来做好充分准备。

第24章：技术优势：如何利用科技实现规模化

在没有科技助力的情况下扩展业务，就像试图不带装备攀登高山——虽然可能，但会变得不必要地困难。科技使企业能够简化运营、覆盖更广泛的受众，并在更大规模上提供更优质的产品或服务。正确的技术选择可以彻底改变您的运营效率和竞争能力。

评估当前流程，解决瓶颈

首先评估现有流程并识别瓶颈。自动化能否简化重复性任务？云计算能否降低IT基础设施成本？像客户关系管理（CRM）系统、企业资源计划（ERP）软件或简单的库存管理平台等工具可以优化日常运营。例如，Salesforce或HubSpot等平台能够帮助企业无缝管理客户关系和销售流程。

提升客户体验

客户体验是科技产生巨大影响的另一个领域。像亚马逊这样的企业，凭借利用数据推荐产品、个性化体验和加速交易的能力蓬勃发展。人工智能聊天机器人、数据分析平台或用户友好的移动应用等工具，即使是小型企业也能通过这些技术复制类似的个性化体验，从而建立客户忠诚度和参与度。

扩展市场触达能力

科技对于扩大业务覆盖范围同样至关重要。像eBay这样的在线市场、Google Ads这样的广告平台，以及Instagram这样的社交媒体巨头，使企业能够以较低的营销预算接触到全球受众。增强现实（AR）和虚拟现实（VR）等新兴技术允许企业提供沉浸式体验，例如虚拟试穿或交互式产品演示，创造与客户互动的新方式。

战略性投资技术

然而，对技术的投资需要采取战略性的方法。并不是每个企业都需要专有软件或最新的AI模型。从满足当前需求的成熟工具入手，同时关注它们如何随着业务增长而扩展。请记住，利用技术的目标不仅仅是让运营更快、更简单，而是为可持续增长和创新奠定基础。

第25章：零风险规模化

扩展业务是一个令人兴奋但充满挑战的过程，需要小心应对以避免潜在的陷阱。零风险规模化并不意味着完全没有风险，而是指将风险降到最低并加以管理，以确保它们不会阻碍您的增长。关键在于战略性地扩展，确保在整个扩张过程中，企业能够保持稳定、质量和财务健康。

避免快速扩张的陷阱

企业在规模化过程中最常见的错误之一是缺乏充分准备的情况下快速扩张。过快的增长可能会给资源带来压力、中断现金流并削弱企业文化。为了安全扩展，首先评估现有的运营。识别瓶颈、评估团队能力并确保流程具有可扩展性。例如，升级技术基础设施或优化工作流程，可以为企业处理更大业务量做好准备，同时避免团队过度负担。

财务规划至关重要

在规模化阶段，财务规划尤为重要。扩展通常需要在招聘、设备、营销或库存等领域进行大量投资。确保您的现金流可以支持这些支出而不影响日常运营。仔细探索资金选择，无论是再投资利润、申请贷款还是引入投资者，同时始终为意外开支预留缓冲空间。

保持增长中的质量

在增长过程中保持质量是零风险规模化的另一个关键方面。进入新市场、推出新产品或提高生产量，有时可能会影响企业的标准化水平，从而削弱业务竞争力。定期审查并调整流程，确保您的产品或服务始终如一，保持客户满意度。

灵活应对变化

最后，不要忘记适应性的必要性。即使有最周密的计划，挑战和意外在扩展过程中也是不可避免的。通过保持灵活性和开放心态，您可以迅速调整方向，确保业务保持在正确轨道上。

结论

零风险规模化并不是避免增长，而是以明智、可持续和战略性的方式增长。通过深思熟虑的准备和持续的警惕，您可以在不承担不必要风险的情况下扩展业务，为长期成功奠定坚实基础。

第五步：倍增-指数级增长

第五步，**倍增**，是关于通过指数级增长将您的业务推向新高度。这不仅仅是增加销售额或扩大覆盖范围，而是打造一个可扩展的系统，以倍增您的影响力、收入和市场地位。在这一阶段，您需要复制已验证的成功商业模式，并将其战略性地扩展到新的市场、产品线或地区。

指数级增长不会偶然发生。它需要精心规划、强大的系统以及在管理复杂性的同时保持核心价值观的能力。无论是通过加盟、拓展新区域，还是利用并购，这一阶段的重点始终是可持续和战略性的扩展。

同时，这一阶段还需要敏锐的机遇洞察力和适应能力。随着业务增长，市场会不断变化，竞争也会愈加激烈。通过保持灵活性并充分利用自身优势，您可以应对这些挑战，将其转化为增长的机会。目标不仅是增长，而是以明智、可持续的方式倍增，同时尽量降低风险并保持品牌的核心质量。

在这一阶段，您将探索实现指数级增长的策略，获取倍增所需的资源，并打造支持持续增长的团队和系统。通过正确的方法，这一阶段将使您的企业在行业中占据主导地位，并实现持久的成功。

倍增是业务增长的下一个层次——从构建坚实基础迈向大规模复制成功的飞跃。在这一阶段，您的重点从管理一家蓬勃发展的企业转向创造多个收入、影响力和机会来源。倍增业务不仅仅是扩大规模，而是以明智和战略性的方式扩展，同时保持最初成功企业的质量和价值观。

倍增有多种路径可供选择，每种方法都有其独特的机会和挑战。例如：

特许经营：通过利用他人的投资和精力来扩展您的品牌。

企业扩张：将完全的控制权掌握在自己手中，但需要更多资源和直接参与。

并购：通过与现有实体联合来加速增长。

国家和全球战略：进入新市场和触及更多受众。

有效倍增的关键在于根据您的目标、资源和市场条件选择合适的策略。同时，创建能够确保一致性、效率和可扩展性的系统和流程也是必不可少的。在迈入这一阶段时，请记住，倍增业务不仅仅是关于数字的增长，而是以可持续和有影响力的方式复制您的成功。

本章将探讨实现倍增的多种路径，帮助您决定哪种方法与您的指数级增长愿景最为契合。

特许经营与企业扩张：利弊分析

在倍增业务时，特许经营和企业扩张是两种最受欢迎的策略。两者为规模化提供了截然不同的路径，但各自都伴随着机会和挑战。了解每种方法的优缺点，对于根据您的业务目标、资源和愿景做出明智决策至关重要。

特许经营：通过他人扩展成功

特许经营是指允许独立经营者（特许加盟商）以您的品牌运营他们自己的业务。这种模式通过利用特许加盟商的资本、努力和本地知识，实现快速扩展。

特许经营的优点

快速增长：特许经营无需大量投资新地点或运营，就可以快速扩展。

分担财务负担：特许加盟商承担新店的开设和运营成本，降低了您的财务风险。

本地专业知识：特许加盟商通常对其市场有深入了解，有助于品牌在不同地区的成功。

可扩展的模式：一旦系统和培训到位，复制操作相对简单。

特许经营的缺点

控制挑战：在所有特许店保持一致的质量和客户体验可能较难。

品牌风险：管理不善的特许店即使独立运营，也可能损害您的声誉。

利润共享：尽管您可以收取特许费用和使用权费，但大部分利润归特许加盟商所有。

复杂的设立：建立成功的特许经营系统需要详细的手册、培训计划和法律合规性。

案例：麦当劳是特许经营成功的典范，其90%以上的门店由特许加盟商运营。这种模式让麦当劳在全球范围内扩展的同时，将财务和运营风险降到最低。然而，这也需要严格的系统来确保无论在哪里制作的汉堡，都能符合麦当劳的标准。

企业扩张：内部打造商业帝国

企业扩张是指由企业自行开设和管理新地点，保持对运营、员工和利润的完全控制。这种模式适合优先考虑一致性和长期控制的企业。

企业扩张的优点

完全控制：您可以决定运营的每个方面，确保质量和品牌一致性。

更高的利润潜力：与特许经营不同，所有利润都会直接流回您的企业。

统一文化：员工和管理层直接与您的愿景和目标保持一致。

灵活性：产品、服务或品牌的更改可以统一且迅速地实施。

企业扩张的缺点

资本密集：开设和运营新地点需要在基础设施、员工和营销上投入大量资金。

增长较慢：没有特许加盟商分担财务负担，扩展速度可能较慢。

风险增加：所有的运营和财务风险都由您独自承担。

管理复杂性：监督多个地点可能会耗尽您的资源和领导团队的精力。

案例：星巴克是企业扩张的领先典范。通过拥有和运营大部分门店，星巴克严格控制了质量、品牌和客户体验。然而，这种方法需要大量的投资和运营专业知识。

如何选择正确的路径

在特许经营和企业扩张之间的选择取决于您的业务模式、财务资源和长期愿景。如果您希望以最小的前期投资实现快速增长，特许经营可能是更好的选择。然而，如果您优先考虑完全控制并希望最大化利润，企业扩张可能更适合您。

在某些情况下，企业可以将两种策略结合起来。例如，达美乐披萨的大部分门店通过特许经营运营，但它也经营企业自有门店，以控制关键市场并为特许加盟商设立标准。

结论

特许经营和企业扩张都为倍增业务提供了可行的路径。正确的选择取决于您的目标、风险承受能力以及管理每种模式复杂性的能力。通过仔细评估优缺点，您可以选择一条既能加速增长又能确保企业长期繁荣的道路。

并购：联手实现增长

并购（M&A）是一种强有力的策略，通过整合资源、专业知识和市场份额，实现业务倍增。这种方法让企业能够快速增长、进入新市场，并实现通过自然发展需要多年才能达到的规模经济。然而，并购也伴随着一系列挑战，因此必须以清晰的计划和慎重的考量来实施这些策略。

理解并购

并购的定义

合并：合并是指两家公司联合组成一个新实体。这通常发生在规模相近或优势互补的企业之间，以整合资源并消除冗余。

收购：收购是指一家公司购买另一家公司，可以完全吸收或作为子公司运营。收购通常是大公司获取小公司产品、客户或专业知识的方式。

两种策略的目标都是通过利用多个组织的资产和能力，创建一个更强大、更具竞争力的企业。

并购的优势

1. 加速增长
   并购可以让企业即时进入新市场、获得新客户以及开辟新的收入来源。例如，Facebook收购Instagram，让它在照片分享领域占据主导地位，而无需从零开始构建竞争平台。

2. 成本节约
   通过整合运营或消除冗余，并购可以显著降低成本。例如，达美航空（Delta Air Lines）与西北航空（Northwest Airlines）的合并，通过简化运营并扩大市场份额，降低了管理费用。

3. 多元化发展
   收购不同行业或地区的公司可以分散风险，减少对单一市场的依赖。迪士尼收购漫威、卢卡斯影业和皮克斯，丰富了内容产品，并使其成为娱乐行业的领导者。

4. 获取人才和技术

   收购通常能为企业带来专业人才和先进技术，从而推动创新。例如，谷歌收购DeepMind以增强其人工智能能力。

并购的挑战

尽管并购可以带来显著的机遇，但也伴随着需要有效管理的风险。

1. 文化整合

   合并两家公司通常意味着融合不同的企业文化，这可能引发冲突并降低员工士气。戴姆勒-奔驰（Daimler-Benz）与克莱斯勒（Chrysler）的合并因文化冲突失败，是一个著名案例。

2. 财务风险

   收购成本昂贵，如果被收购公司未达到预期表现，可能会给母公司带来负担。AOL收购时代华纳（Time Warner）是高估协同效应的一个警示故事。

3. 运营复杂性

   整合系统、流程和团队可能带来后勤挑战，干扰日常运营。

4. 监管和法律问题

   根据并购的规模和范围，可能会遇到反垄断法或其他监管障碍。

成功并购的关键

1. 战略契合

   确保目标公司与您的业务目标一致，并能补充您的优势。

2. 详尽的尽职调查

   对目标公司的财务、运营和文化进行详细评估，识别潜在风险。

3. **明确的整合计划**
   制定分步实施的整合路线图，协调运营、团队并实现协同效应。

4. **透明的沟通**
   保持利益相关者的信息透明，尽量减少阻力并在过渡期间建立信任。

结论

并购是倍增业务、提升竞争力的变革工具。通过战略性地执行，并购可以带来有机增长难以企及的机遇。然而，风险同样不可忽视。通过仔细评估潜在合作伙伴、直面挑战并精心规划，您可以利用并购的力量，将您的业务推向新的高度。

扩大影响力：国内与全球扩展策略

将业务扩展到初始市场之外，无论是国内还是全球，都是一项大胆的举措，能够释放巨大的增长潜力。然而，进入新领域不仅仅是开设新地点或将产品运往海外。这需要战略规划、文化意识和运营准备，以成功应对更广泛市场的复杂性。

国内扩展：吸引更广泛的本地受众

对于希望突破本地市场的企业来说，国内扩展通常是第一步。这一策略使您能够利用国内尚未开发的市场，同时充分利用现有的基础设施和品牌认知度。

1. 评估市场潜力

   首先分析对您的产品或服务有需求的地区。例如，星巴克在扩展初期，以其咖啡文化深受欢迎的城市地区为目标，然后逐步进入郊区和农村市场。

2. 适应地区差异

   即使在同一国家内，消费者偏好、法规和竞争也可能有所不同。例如，好市多（Costco）根据地区需求调整库存，提供符合当地客户需求的独特产品。

3. 构建可扩展的运营体系

   确保您的系统（如物流、供应链和人员配置）能够支持多地点管理，同时不影响质量或效率。

全球扩展：进入国际市场

全球扩展为企业提供了接触全新客户群体和收入来源的机会，但同时也伴随着语言障碍、文化差异和法规挑战等独特问题。要在国际市场取得成功，必须采取定制化的策略。

1. 研究与准备

   在进入新国家之前，进行深入的市场研究。例如，麦当劳根据每个国家的口味调整菜单，在印度推出McAloo Tikki汉堡，在日本推出照烧汉堡。

2. 选择合适的进入策略

   企业可以通过多种模式进入国际市场，包括直接投资、合作伙伴关系或特许经营。宜家通常自行开设门店以保持品牌控制，而肯德基（KFC）则依赖本地特许经营者，更好地理解市场。

3. 了解法律和法规要求
   每个国家在业务运营、税收和劳动法方面都有自己的规则。不遵守规定可能导致法律和财务后果。例如，优步（Uber）在多个国家因未充分适应当地法律而面临监管压力。

4. 文化敏感性
   理解并尊重当地风俗和传统至关重要。缺乏文化意识可能会疏远潜在客户，例如未能正确翻译营销材料或提供与当地价值观不符的产品。

利用技术推动扩展

科技在实现国内和全球扩展中起着至关重要的作用。

1. 像亚马逊和Shopify这样的电子商务平台，让企业无需实体店就能触及全球客户。

2. Google Ads和Facebook等数字营销工具，通过针对特定人群的广告确保信息精准传递。

3. 物流和供应链技术也简化了扩展过程。联邦快递（FedEx）和敦豪（DHL）等公司专注于国际运输，使企业能够无缝地跨境交付产品。

降低扩展中的风险

扩展业务需要大量投资，同时伴随着货币波动、政治不稳定或文化失误等风险。为降低这些风险，可以采取以下措施：

1. 在进入新市场前进行风险评估。

2. 从试点计划或小范围启动开始，以测试市场反应。

3. 与本地专家或顾问合作，以应对陌生环境。

结论

国内与全球扩展是倍增业务的强大策略，但它们需要仔细的规划、适应能力以及对新市场的深刻理解。无论目标是邻近的省市还是海外的大陆，成功的关键在于研究、准备和战略执行。通过利用合适的工具并做出明智的决策，您可以在扩展业务的同时保持核心价值观和愿景，最终实现长期增长和成功。

第27章：零风险倍增

倍增业务是一个令人兴奋的增长阶段，但也可能充满风险。过快扩张、忽视基础要素或误判市场条件，可能导致代价高昂的错误。零风险倍增的核心在于战略性扩展，确保每一步都是深思熟虑的、可持续的，并与您的长期愿景保持一致。

第一步：评估容量

减少风险的第一步是了解您的容量。在倍增之前，评估现有的运营能力，确保它们能够应对增加的需求。例如，您是否拥有支持新地点、产品线或服务的合适系统、团队和流程？提前识别并解决这些差距，对于在扩展过程中避免运营中断至关重要。

财务规划的重要性

财务规划同样不可忽视。倍增需要大量投资，无论是开设新店、招聘更多员工，还是向新受众推广产品。过度利用资源或过于依赖外部资金可能会使企业面临脆弱性。制定详细的预算，包含应急计划，并确保有充足的现金流支持增长。

保持一致性

另一个关键因素是保持一致性。随着业务的扩展，确保质量、客户体验和品牌形象保持不变变得越来越具有挑战性。制定清晰的运营指南，并投资培训项目，以便在新业务中复制成功的经验。

灵活应对变化

最后，保持适应性。市场在不断变化，无法预料的挑战在所难免。无论是经济波动、新的竞争对手还是客户偏好的变化，灵活的策略能够让您在必要时迅速调整方向，确保增长的步伐不受干扰。

结论

零风险倍增并不是完全避免风险，而是有效地识别、最小化和管理风险。通过仔细规划、财务谨慎和对质量的承诺，您可以自信而可持续地扩展业务，为实现指数级成功奠定基础。

第六步：成功- 真正的成功

成功不仅仅是达到某个里程碑，而是创建一个能够自我维持、在您不直接参与的情况下依然蓬勃发展的企业。第六步，"真正的成功"，聚焦于任何企业家的最终目标：建立一个能够独立运作、创造持久价值，并惠及所有相关者——客户、员工和利益相关方的企业。

从创始人到愿景领袖的转变

在这一阶段，您的角色将从每项决策的推动者转变为一位能够让业务在无需持续监督的情况下顺畅运转的愿景领袖。这意味着从以创始人为中心的模式过渡到以系统驱动的企业，团队和流程成为真正的核心力量。

关键领域：领导力与系统构建

要实现这一目标，您需要专注于两个关键领域：重新定义领导力和构建确保可扩展性、一致性和效率的系统。

重新定义领导力：学会赋权团队，进行有效的授权，并信任您所构建的系统来维持质量和推动发展。

系统构建：建立可靠的流程和机制，确保企业能够在不同情况下保持一致的表现和持续增长。

在这一阶段，成功不再以您的辛勤工作为衡量标准，而是取决于业务在没有您直接干预的情况下运转得多么出色。

风险管理：持久成功的保障

这一阶段的最后一个关键元素是风险管理。即使是最成功的企业也会面临挑战，而自满是持续成功的最大敌人。通过识别潜在风险、保持适应性并不断改进，您可以保护已经取得的成就，并为进一步的增长和创新奠定基础。

结论：从追求成功到享受成功

这一阶段是您创业旅程的巅峰——从努力追求成功到真正实现并享受成功的转变。通过掌握这一阶段，您将确保您的企业不仅能够生存，还能繁荣发展，创造一个可以持续多年的持久遗产。

第28章：从个人到团队：重新定义最重要的人

不再以您为中心：超越创始人的领导力

在企业家的旅程中，最深刻的转变之一是当企业发展到超越创始人的阶段。在早期阶段，您的激情、愿景和不懈努力是每个决策和成就背后的推动力。然而，真正的成功在于打造一个能够独立蓬勃发展的企业——一个不依赖任何一个人的业务，包括您自己。

作为创始人，与企业保持深厚的联系是自然的。这是您的创作，是您思想和辛勤工作的结晶。然而，若想让企业实现持续增长并自我维持，它需要从以您为中心，转变为依赖团队、系统和文化。这种转变不仅对企业的长期健康至关重要，也对您作为领导者的个人成长尤为必要。

从创始人主导到团队主导的转变

从创始人主导模式到团队主导模式的转变，关键在于赋权他人，鼓励他们承担责任。这并不意味着完全退出，而是以战略性的方式退居幕后。委派职责、信任团队进行决策并营造协作的环境，是这一演变的重要环节。例如，星巴克的霍华德·舒尔茨（Howard Schultz）在2008年重新担任CEO时，并没有采取事无巨细的管理方式，而是专注于激励和重新对齐团队与公司的使命。

打造领导力遗产

伟大的领导者不仅管理企业，还会建立遗产。领导力遗产是指培养能够在您不在时继续推动愿景前行的人。这意味着对团队培训、指导和成长机会的投资。例如，比尔·盖茨将微软的领导权交接给史蒂夫·鲍尔默（Steve Ballmer），随后又交给萨提亚·纳德拉（Satya Nadella），确保了公司在其任期之外的连续性和创新。

放手以实现更大的影响力

放手控制权可能是一项挑战，尤其是在您倾注了大量心血的情况下。但放手并不意味着失去影响力，而是扩大影响力。通过从日常运营中抽身，您可以专注于战略决策、创新和长期增长。您的角色将演变为愿景领导者，确保企业在适应变化的同时始终坚持核心价值观。

真正的领导力并不是紧握权力，而是赋予他人力量。当企业不再依赖您来运转时，这才是真正的成功。这不仅是您的解放时刻，也是您所创建的组织能够在您直接影响之外蓬勃发展的标志。

转变：从依赖个人到依赖系统

一个成功的企业往往始于创始人或关键人物所体现的激情、能量和愿景。然而，要实现规模化并长期蓬勃发展，企业必须从依赖个人的努力转变为依赖系统化运作的精密机器。这种从以人为驱动到以系统为驱动的转变，是可持续成功的重要标志。

为什么需要这种转变

在企业的早期阶段，许多事情都依赖于创始人：决策、解决问题以及亲力亲为的参与。这种方法在初期有效，但随着业务增长，它会成为发展的瓶颈。无论一个人多么有才华或勤奋，其精力和能力总是有限的。

以苹果的史蒂夫·乔布斯为例。在苹果的初创阶段，乔布斯深度参与了从产品设计到营销的各个方面。然而，苹果能够转型为全球最有价值的公司之一，依赖于他帮助建立的系统、流程和文化，使公司在没有创始人持续投入的情况下，仍能高效运作并持续创新。

打造系统驱动的企业

转向系统驱动模式不仅仅是任务委派，更需要创建确保一致性和可扩展性的流程、工具和框架。

1. **记录流程**
   每个关键操作——无论是客户服务、制造还是市场营销——都应该有文档化的流程。这能确保即使团队扩大或人员更替，也能保持一致性。

2. **利用技术**
   像CRM系统、库存管理软件和自动化平台这样的工具，可以简化运营并减少对人工监督的依赖。例如，亚马逊的物流系统让它每天能够以惊人的精确度履行数百万订单。

3. **设立关键绩效指标（KPI）并监控**
   确定衡量成功的关键绩效指标（KPI），并监控进展。这不仅能让团队保持一致和负责，还能为您提供清晰的业务健康状况概览。

4. 培养责任文化

   系统的运作依赖于人们的尊重与遵守。建立责任文化，确保每个人都对自己的角色负责并尊重流程。

系统驱动的优势

当企业以系统为驱动时，它不再依赖于任何一个人，而更加专注于运营卓越。这种转变带来了诸多优势：

1. **可扩展性**：系统能让企业在需求增加的情况下，不牺牲质量地应对变化。

2. **一致性**：无论由谁负责，客户都能体验到相同的服务和质量。

3. **时间自由**：系统接管重复性任务后，领导者可以专注于战略性增长，而非日常问题处理。

4. **韧性**：系统驱动的企业能够应对人员变化，包括创始人逐步退出。

结论

从依赖个人到依赖系统的转变，是企业实现可持续增长和长期成功的关键。这种转变并不是去除人性化因素，而是通过提供工具、流程和系统赋予员工卓越表现的能力。通过接受这一方法，您可以确保企业能够以最佳状态运作——不再依赖于任何单一的个体，包括您自己。

赋权团队：为何集体成功至关重要

在任何成功的企业中，整体的力量往往大于各部分的总和。无论一位领导者多么才华横溢或富有远见，单凭一人之力无法实现团队赋权所带来的规模、创新和韧性。赋权团队不仅是一种领导技巧，更是一种战略优势，它能将您的企业转变为一个充满活力、蓬勃发展的生态系统。

为何赋权团队至关重要

赋权团队不仅仅是委派任务，它是在培养所有权意识、责任感和创新精神。被赋权的员工会感到被信任和重视，这会带来更高的士气、更好的表现以及更强的忠诚度。这种赋权文化使企业能够应对挑战、抓住机遇并始终交付卓越的成果。

例如，谷歌的成功建立在赋权的基础上。通过"20%时间"计划，员工被鼓励将部分工作时间投入到他们的激情项目中。这种自由带来了Gmail和Google Maps等突破性创新——这些成果在传统自上而下的环境中可能无法实现。

如何赋权团队

赋权团队是一个需要信任、资源和支持的精心过程。以下是一些关键方式来促进赋权：

1. 清晰沟通
   明确期望并分享公司的愿景，让每位团队成员都了解自己的角色如何为整体目标作出贡献。例如，Zappos确保每位员工都与其"提供卓越客户服务"的使命保持一致，从而在每个层面上培养目的感。

2. **提供资源和培训**

   为团队提供他们成功所需的工具、知识和机会。例如，星巴克为员工（称为伙伴）提供全面的培训项目，帮助他们提供一致的服务，并赋权他们做出提升客户体验的决策。

3. **鼓励决策**

   授权员工在其职责范围内做出决策。这并不意味着完全放手，而是信任团队主动采取行动。例如，丽思卡尔顿酒店允许员工在无需管理层批准的情况下，为每位客人花费高达2000美元解决问题，从而赋权员工提供卓越的服务。

4. **认可和奖励贡献**

   庆祝大小成就。认可不仅能增强信心，还能强化驱动成功的行为。从正式奖励到简单的感谢之词，认可能激发动力和参与感。

集体成功的益处

一个被赋权的团队能为您的企业带来变革性的益处：

1. **创新**：被赋权的员工会发挥创造力，带来新鲜的想法。

2. **适应性**：当挑战出现时，自信而自主的团队能迅速有效地应对。

3. **可扩展性**：随着业务增长，被赋权的团队能确保运营顺畅，无需持续监督。

4. **可持续性**：赋权文化能打造一个独立于任何个人（包括创始人）的繁荣企业。

以苹果在蒂姆·库克（Tim Cook）领导下的成就为例。尽管史蒂夫·乔布斯的卓越奠定了基础，但库克的领导赋权了苹果团队，使其进入新市场，在产品类别上持续创新，并保持其全球领导地位。

结论

赋权团队是集体成功的基石。它关乎创造一种环境，让个人感到被重视、被信任并有动力发挥最佳表现。通过投资于员工并培养一种责任和协作的文化，您不仅是在建立一家公司，而是在打造一个能够实现非凡成就的强大团队。当团队成功时，企业繁荣发展，其影响力远远超越单凭个人之力所能达到的高度。

第29章：构建支撑成功的系统

什么是卓越系统：关键要素

卓越的系统是任何成功企业的支柱。它确保了一致性、可扩展性和高效性，使运营平稳运行，同时释放精力专注于战略增长。但并非所有系统都是平等的。真正卓越的系统必须坚固、灵活，并与您的业务目标保持一致。以下是定义卓越系统的关键要素：

1. 简单与清晰

复杂的系统往往会导致混乱和低效。卓越的系统应简单明了，确保每位团队成员都能有效地使用它。简单并不意味着牺牲功能性，而是去除不必要的步骤，专注于实际效果。例如，丰田的"准时制"（Just-In-Time）生产系统既简单又高效，确保零件在需要时恰好送达，最大限度地减少浪费并提高效率。

2. 标准化与一致性

强大的系统提供清晰的指南，能在不同操作人员的使用下仍然产生一致的结果。标准化对于拥有多地点或多团队的企业尤为重要。例如，麦当劳的系统确保无论是在纽约、东京还是巴黎，Big Mac的味道都完全一致。这种一致性建立了客户的信任和忠诚度。

3. 可扩展性

随着企业的增长，系统也必须能跟上需求的增加。卓越的系统设计能够在不影响性能的情况下处理更高的需求。例如，亚马逊的物流系统高度可扩展，使其能够每天处理数百万订单，同时保持准确性和速度。可扩展性确保成功不会受到系统容量的限制。

4. 自动化与技术整合

将技术融入系统能够简化操作、减少人为错误并节省时间。自动化工具如客户关系管理（CRM）软件、库存跟踪系统和项目管理平台可以彻底改变业务运作方式。例如，Netflix利用复杂的算法自动推荐内容，在增强客户体验的同时提高了用户参与度。

5. 灵活性与适应性

市场在变化，客户偏好会改变，意外挑战也时有发生。卓越的系统不是僵化的，而是能够在保持核心功能的同时适应新环境。例如，在新冠疫情期间，许多餐厅调整了系统以适应在线订单和外卖服务，从而在限制措施下继续运营。

6. 可测量性与监控

"被测量的才会被管理。"有效的系统包含指标和反馈机制，用以跟踪性能并识别改进领域。这可能包括设定关键绩效指标（KPI）、实施仪表盘或定期评估。例如，特斯拉使用制造生产线的实时数据来识别低效环节并优化生产。

7. 与业务目标的对齐

最后，卓越的系统必须与公司的目标和价值观保持一致。这不是为了引入最新的工具或潮流，而是要创建支持使命并帮助实现愿景的流程。例如，Zappos的客户服务系统完全围绕其"提供卓越客户体验"的目标设计，赋权员工为客户提供超出预期的服务。

结论

卓越的系统不仅仅是一组工具或流程，而是支撑和推动业务向前发展的基础。通过专注于简单性、一致性、可扩展性和适应性，您可以建立不仅满足当前需求，而且能为长期成功做好准备的系统。无论您是初创企业还是全球企业，投资于强大的系统都是确保业务繁荣发展的最明智举措之一。

测量与监控：确保系统产生结果

一个系统的有效性取决于其结果。测量和监控您的系统能确保它们为您的业务提供所需的成果，同时保持高效性、质量和增长。通过跟踪性能并根据数据进行调整，您可以将系统转变为成功的强大引擎。

为什么测量与监控很重要

系统是动态的——它们在不断变化的真实世界条件下运行。即使是设计最完善的系统，若没有持续的监督，也可能会偏离目标，导致低效、错误或错失机遇。监控确保系统能够继续实现其目标，并适应新的挑战。

例如，亚马逊跟踪物流系统的每个方面，从包裹的交付时间到仓库效率。这种持续测量使亚马逊能够保持行业领先的速度和可靠性，并在性能下降时迅速进行调整。

测量与监控的关键步骤

1. **定义成功指标**

   首先，确定与目标一致的关键绩效指标（KPIs）。例如，如果您正在监控客户服务系统，平均响应时间、问题解决率和客户满意度评分可能是关键指标。

2. **建立反馈循环**

   创建定期收集和分析数据的流程。仪表板或报告等工具可以一目了然地提供见解，而更详细的审查可以揭示更深层次的趋势。反馈循环确保您实时了解系统的表现。

3. **安排定期审计**

   定期审查系统，确保其保持相关性和有效性。审计有助于发现低效、冗余或需要改进的领域。例如，丰田的"改善"（Kaizen）哲学通过定期审查和渐进式改进来强调持续改进。

4. **对标行业标准**

   将您的系统性能与行业标准或竞争对手进行比较。这可以揭示您的系统是领先还是落后，并帮助您设定切实可行的改进目标。

5. **让团队参与其中**

   鼓励员工分享他们对系统性能的见解。在系统中工作的人通常能够发现高层面上难以察觉的问题或机遇。

现实案例：星巴克

星巴克使用强大的监控系统来维持其全球标准。从跟踪服务速度到收集客户对新产品的反馈，星巴克确保了数千家门店的一致性。这种数据驱动的方法不仅帮助其发现改进领域，还揭示了创新的机会，例如引入移动点单以减少等待时间。

主动监控的益处

1. **提高效率**：定期跟踪能发现瓶颈或浪费，从而更快地解决问题。

2. **增强质量**：监控确保标准始终如一，强化客户信任。

3. **可扩展性**：经过测量的系统揭示了有效的操作模式，可以复制到新市场或新地点。

4. **主动解决问题**：问题的早期发现可防止小问题演变为重大中断。

结论

测量和监控系统不是可选的任务，而是确保系统兑现承诺的关键实践。通过定义成功指标、收集和分析数据以及进行明智的调整，您可以创建一个持续改进的循环。这种主动的方法让您的业务平稳运行，为有效扩展做好准备，并确保在不断变化的市场中保持竞争力。监控不仅保护您的系统，还推动您的业务走向持续成功。

第30章：零风险成功

成功从来没有保证，但通过降低风险，您可以确保取得的成果在长期内具有可持续性并受到保护。零风险成功并不意味着完全消除所有风险——在动态的商业世界中这是不可能的。相反，它意味着识别潜在威胁、有效管理风险，并在运营中建立韧性，以确保挫折不会中断您的进程。

预见风险

零风险成功的第一步是了解可能出错的地方。这包括财务风险、运营中断、市场变化，甚至是声誉损失。成功的企业主动识别这些风险，制定应急计划，并在挑战出现时迅速应对。例如，当市场趋势发生变化时，Netflix从DVD租赁转向流媒体，成功维护了其在娱乐领域的主导地位。

构建韧性

零风险成功还意味着建立一个具有韧性的组织——能够经受变化并适应突发事件的企业。这包括保持充足的现金储备、培养创新文化以及创建确保业务在挑战时期持续运营的系统。苹果就是韧性企业的典范，通过持续创新和适应不断变化的消费者需求，同时维持稳健的供应链，实现了长期成功。

谨慎与机遇的平衡

在管理风险的同时，不能变得过于谨慎。成功往往需要经过深思熟虑的冒险，并在机会出现时及时把握。零风险并不等于风险规避——它意味着在采取行动时做出明智决策，并为潜在结果做好准备。

维持成功

维持成功需要持续评估您的策略、系统和市场地位。这关乎避免自满，同时保持领先于趋势、竞争对手和市场扰动。定期优化您的方法能确保企业始终保持相关性和竞争力。

结论

零风险成功是一种平衡——在雄心与谨慎、增长与稳定、创新与一致性之间找到最佳点。通过预见挑战、构建韧性并保持适应性，您可以确保取得的成功不仅是短暂的，而是持久的。这不仅仅是关于登顶，而是关于如何在准备好应对未来挑战的同时稳居巅峰。

是时候改变世界了

恭喜你！你已经完成了PRISMs方法的六个步骤，为自己配备了建立事业、创造传承的工具、策略和心态。现在，是时候将所学付诸实践了——不仅是为了实现自己的成功，更是为了产生超越自我的深远影响。

让你的企业成为改变世界的力量

一个成功的企业不仅仅关乎利润；它关乎使命。无论是解决日常问题、创造就业机会，还是激励他人追逐梦想，你的工作都可以改变生活。想想像特斯拉这样的公司，它在推动可持续发展的同时重新定义了汽车行业；或者巴塔哥尼亚（Patagonia），它将环境保护使命融入商业模式，激励了数百万人。这个世界不仅需要企业，还需要敢于梦想更大的先行者。

用行动激励他人

你的创业旅程是一个等待着激励他人的故事。分享你的经验，指导有抱负的创业者，并为你的社区做出贡献。当你在前行中扶持他人时，你会创造出成功的涟漪效应。就像那些先行者激励了你一样，你的故事也可能成为点燃他人梦想的火花。

保持渴望，保持谦逊

无论你取得了多大的成功，请记住，旅程永远不会真正结束。市场在发展，技术在进步，新挑战不断涌现。保持好奇心，不断学习，随时代而变。最成功的企业家，如杰夫·贝索斯、奥普拉·温弗瑞和埃隆·马斯克，从未停止创新、梦想和追求更大目标。

世界等待你的贡献

这个世界充满了等待像你这样的人去抓住的机遇——一个有勇气去梦想，有毅力去执行，并有韧性去克服困难的人。无论你的企业是改变了一个行业，还是仅仅对你的社区产生了影响，你的努力都很重要。

让一切变得值得

你已经打下了基础。现在是时候建立你的传承了。去承担风险，迎接挑战，并拥抱将愿景变为现实的回报。PRISMs方法不仅是创业的路线图，更是一种成功的哲学，旨在帮助你蓬勃发展并留下印记。

现在，勇敢迈出每一步，去改变世界吧！

记住：

敢想

敢干

敢向前

一切皆有可能

帮到更多人

常见创业陷阱及如何避免

创业是一段令人兴奋的旅程，但也充满了挑战。许多创业者由于缺乏经验或准备不足而陷入困境，导致成功之路中断。通过了解这些常见错误并学习如何规避它们，您可以为自己铺设一条更顺畅、更成功的道路。

1. 缺乏清晰的聚焦

陷阱：许多初创企业试图同时做太多事情——提供过多的产品、瞄准过多的客户群，或分散资源。这种缺乏聚焦的行为会削弱努力并让目标客户感到困惑。

如何避免：从小而具体开始。明确您的核心产品和目标客户。在扩展之前，先将一件事做到极致。例如，Airbnb最初仅专注于共享空间内的气垫床租赁，随后才扩展到整套房屋和豪华物业。

2. 跳过市场验证

陷阱：在未验证产品或服务需求的情况下投入时间和资金，可能导致资源浪费和最终失败。

如何避免：使用简单、经济的方法验证您的想法。制作原型，进行调查，或向小规模受众测试。例如，Dropbox通过一个演示视频展示其概念，吸引了早期兴趣，并在全面开发之前完善了产品。

3. 忽视现金流管理

陷阱：许多初创企业因低估成本或现金流管理不善，在实现盈利前就耗尽资金。

如何避免：维护详细的预算并密切监控现金流。优先处理必要开支，并为突发挑战保留储备资金。像亚马逊一样，初期通过战略性地再投资利润，同时谨慎管理成本，实现了业务增长。

4. 过高估计增长速度

陷阱：假设快速盈利或迅速增长可能导致过度招聘、过度投资或承担不可持续的债务。

如何避免：制定现实的增长计划并保持灵活性。逐步扩大运营，确保您的系统、团队和财务能够应对增加的需求。即使像特斯拉这样的巨头，在过快扩大生产时也曾面临运营挑战。

5. 忽视营销与品牌建设

陷阱：认为优秀的产品或服务会自己销售出去是一个常见错误。没有有效的营销，即使最好的创意也可能被忽视。

如何避免：从一开始就投入于构建强大的品牌和营销策略。专注于讲述您的故事，并通过合适的渠道与受众建立联系。耐克的"Just Do It"广告活动是一个深刻共鸣并推动忠诚度的品牌建设典范。

6. 没有组建合适的团队

陷阱：试图独自完成所有工作或雇用不合适的人可能限制您的业务潜力。

如何避免：与能补充您技能并共享愿景的团队合作。正如史蒂夫·乔布斯所说："雇用聪明的人然后告诉他们该怎么做没有意义；我们雇用聪明的人，是为了让他们告诉我们该怎么做。"

7. 抵制变化

陷阱：即使市场条件或反馈表明需要改变，也固守原计划，可能导致停滞或失败。

如何避免：保持适应性并愿意做出调整。例如，Instagram最初是一个名为Burbn的基于位置的应用，通过用户反馈调整后，成为今天的照片分享平台。

8. 低估竞争

陷阱：忽视竞争对手或未能使自己脱颖而出，可能让您在竞争激烈的市场中难以立足。

如何避免：进行深入的竞争分析，并专注于使您的业务独特的优势。无论是像Zappos那样的卓越客户服务，还是像苹果那样的产品创新，找到您的竞争优势并充分利用。

结论：学习、适应、茁壮成长

在任何创业旅程中，错误是不可避免的，但它们不一定定义您的故事。通过保持信息灵通、主动和适应性，您可以驾驭这些常见陷阱，将挑战转化为机遇。每次挫折都是一堂课，每个障碍都是通往更大成功的垫脚石。有了这些知识，您将能够以信心和韧性迎接前方的道路。

您的创业工具箱

当您开始创业旅程时，拥有合适的工具可能是成功与艰难之间的关键差异所在。虽然激情和愿景必不可少，但您用于规划、构建和发展业务的实际资源同样至关重要。以下是一个指导您完成PRISMs方法各步骤及更远发展的工具箱。

1. 战略规划工具

商业计划模板：清晰的商业计划概述了您的目标、策略和财务预测。LivePlan或SBA的商业计划工具可以简化这一过程。

SWOT分析框架：识别您的业务优势、劣势、机会和威胁，以制定有韧性的策略。

思维导图软件：使用MindMeister或Miro等工具可视化地头脑风暴和连接想法。

2. 财务管理工具

预算与会计软件：QuickBooks、Xero或FreshBooks等平台帮助您管理现金流、跟踪支出并为报税做好准备。

融资平台：如果需要筹集资金，可以探索Kickstarter、Indiegogo或AngelList等众筹和投资者平台。

盈亏平衡计算器：许多在线工具可以帮助您计算业务实现盈利的时间点。

3. 验证与市场研究工具

调查平台：SurveyMonkey或Google Forms等工具帮助您收集客户洞察。

分析平台：使用Google Analytics跟踪网站流量并了解受众行为。

原型设计工具：使用Canva、Figma或Adobe XD等工具创建模型，在大量投资之前测试您的想法。

4. 营销与品牌建设工具

社交媒体管理：Hootsuite或Buffer等平台简化您的社交媒体活动。

邮件营销服务：使用Mailchimp或Constant Contact建立并吸引您的受众。

SEO与内容工具：SEMrush、Ahrefs或Yoast SEO帮助优化您的在线形象，吸引客户。

5. 运营工具

项目管理软件：Trello、Asana或Monday.com等平台让您的团队保持一致并有条理。

CRM系统：像Salesforce、HubSpot或Zoho CRM这样的客户关系管理工具帮助管理客户互动和销售流程。

库存管理工具：对于零售或电商业务，考虑使用Shopify或Square等工具进行简化的库存管理。

6. 法律与合规工具

公司注册服务：LegalZoom或Incfile等服务简化了业务注册和合规流程。

合同模板：Rocket Lawyer或DocuSign等平台提供可自定义的法律协议。

报税软件：使用TurboTax Business等工具应对税务需求。

7. 团队建设与协作工具

招聘平台：使用LinkedIn、Indeed或AngelList Talent寻找顶尖人才。

沟通工具：Slack、Microsoft Teams或Zoom等平台实现无缝团队沟通。

员工参与工具：利用BambooHR或15Five等工具营造积极的工作文化。

8. 个人成长与心态

书籍与播客：通过Eric Ries的《精益创业》或Guy Raz主持的"How I Built This"播客保持灵感和信息灵通。

时间管理工具：Notion、Todoist或Focus@Will等应用帮助您有效管理时间。

导师网络：加入SCORE或创业者组织（Entrepreneur's Organization）等社区，与经验丰富的导师建立联系。

如何构建您的工具箱

您的创业工具箱将随着业务的增长而不断演变。从与您当前阶段相匹配的基本工具开始，然后随着扩展逐步添加更专业的工具。请记住，最好的工具是那些可以为您节省时间、提高效率并支持您的独特业务目标的工具。

结论：您的工具箱，您的成功

您的创业工具箱不仅仅是一组资源——它是更明智决策、高效运营和可持续增长的基础。有了合适的工具，您将能够克服挑战，把握机遇，将您的愿景变为现实。前方的旅程将需要创造力、适应力和韧性，但有了这些工具的支持，您已准备好迎接任何挑战。

关于作者

Morning Lee（李會民）

Morning Lee是一位企业家和创新者，多年来在创业和商业领域中探索前行，积累了丰富的经验。他涉足多个行业，包括物流、地产、搬家、快递、IT、清洁、家具、玉石和贸易，善于将挑战转化为机遇、将失败转化为成功的垫脚石。

从大学期间销售电脑配件起步，到创立并扩展成功的企业，Morning的创业旅程是一段充满毅力、适应力和对成长不懈追求的故事。他的每个项目并非都取得了成功，但正是那些失败，为他带来了关于风险、韧性和构建可持续事业的宝贵经验。他的成功案例，包括繁荣发展的物流、搬家和地产，证明了他在竞争激烈的世界中学习、适应和发展的能力。

Morning对帮助他人实现创业梦想充满热情。基于自身的经验，他开发了"六步棱镜法"（6-Step PRISMs Method），这一框架旨在指导有志创业者迈向零风险的创业成功。他将激励性、对话式和实用性结合在一起的独特建议风格，深深吸引了那些准备掌控自己未来的读者。

在商业之外，Morning重视创新、协作和社区的力量。他相信创业的变革潜力，不仅是一条通向财务自由的道路，更是一种改变生活、解决问题和创造持久遗产的方式。

通过他的企业、书籍、视频、咨询顾问，和培训服务，Morning Lee 致力于赋能他人，鼓励他们勇敢梦想、精明起步，打造有意义的企业。

www.ingramcontent.com/pod-product-compliance
Lightning Source LLC
Chambersburg PA
CBHW071542210326
41597CB00019B/3092